Dieter Krowatschek
Wut

Dieter Krowatschek

Wut

Wie Sie mit Aggressionen Ihres Kindes umgehen

Patmos

Bibliografische Information der Deutschen Nationalbibliothek
Die Deutsche Nationalbibliothek verzeichnet diese Publikation in der
Deutschen Nationalbibliografie; detaillierte bibliografische Daten sind im
Internet über http://dnb.d-nb.de abrufbar.

© 2009 Patmos Verlag GmbH & Co. KG, Düsseldorf
Neuausgabe des 2004 im Walter Verlag erschienenen Titels *Wut im Bauch*.
Alle Rechte vorbehalten.
Umschlagmotiv: © Sami Sarkis/getty images
Umschlaggestaltung: butenschoendesign.de
Printed in Germany
ISBN 978-3-491-40153-2
www.patmos.de

Inhalt

Vorwort

Hohe Aggressivität und starkes Trotzverhalten bereiten Eltern und Lehrkräften oft sehr große Schwierigkeiten, denn sie lösen bei Erwachsenen Hilflosigkeit aus. Zum einen zeigen Kinder Verhaltensweisen, die alle Normen sprengen und mit denen man nur sehr schwer umgehen kann, zum anderen setzen sie den Bemühungen von Erwachsenen übermäßig starken Widerstand entgegen.

Oft fragen sich Eltern, wie sie auf ein solches Verhalten reagieren sollten. Dabei wissen sie kaum, wie sie die Kinder zu einem angemessenen Verhalten bringen sollen. Lehrkräfte leiden häufig unter der Uneinsichtigkeit der Kinder und verzweifeln daran, dass ihre pädagogischen Interventionen weder honoriert werden noch Erfolg haben.

Alle Erwachsenen kommen gelegentlich in die Situation, mit besonders schwierigen Kindern konfrontiert zu werden. Sie merken, dass bestimmte Verhaltensweisen von Kindern sie zusehends aggressiver machen, aber sie können nicht gegensteuern und ihre eigene Wut bearbeiten. So haben nicht nur die dissozialen Kinder Wut im Bauch, sondern auch die Erwachsenen, die mit ihnen zu tun haben.

Dieses Buch stellt bewährte, einfach zu praktizierende Lösungsvorschläge aus der langjährigen Praxis des Autors im Umgang mit sehr schwierigen Kindern vor. Es wird aufgezeigt, welche ersten Schritte man selbst unternehmen kann, auch wenn man unter Umständen dann doch noch professionelle Hilfe in Anspruch nehmen muss.

Natürlich gibt es keine einfachen und für jede Situation passenden Lösungen. Die hier vorgeschlagenen Vorgehensweisen können für Eltern und Lehrkräfte als Modell dienen, Anregungen bieten oder auch Diskussionen in Gang bringen.

An der Entstehung des Buches war maßgeblich meine Mitarbeiterin Frau Dipl.-Psychologin Uta Hengst beteiligt. Sie hat nicht nur in der Praxis, in meinen Trainings und Ferientrainings mitgearbeitet, sondern auch alle unsere Trainingsansätze inhaltlich mitgestaltet.

Mein herzlicher Dank gebührt allen Kindern und Jugendlichen, die ich im Laufe der Jahre in meiner Tätigkeit als Schulpsychologe begleitet habe. Sie haben mein Wissen immer wieder bereichert und uns gelehrt, wie man am besten mit ihnen umgehen, ihr Selbstvertrauen stärken und ihnen helfen kann, sich aus eigener Kraft selbst zu helfen. Besonders beruhigend ist immer gewesen, dass sich aus den vielen Problemkindern dennoch »ganz passable« Erwachsene entwickelt haben.

Marburg, im November 2003
Dieter Krowatschek

1 DAS PHÄNOMEN WUT UND AGGRESSION

Zur Situation: »Schüler schoss auf Busfahrer ...«

Marcs Geburtstag

Heute ist Marcs vierzehnter Geburtstag. Er hat fünf Freunde eingeladen. Sie alle spielen begeistert Fußball. Marc hat sich schick gemacht. Für sein Alter ist er groß gewachsen, er hat schwarze Haare, dunkle Augen und ein schmales Gesicht. Er wirkt wie sechzehn.

Gleich zu Beginn der Feier kommt es zu einer ersten Auseinandersetzung. Marc hat ohne zu fragen das Deo-Spray seines Stiefvaters benutzt. Dieser äußert sein Missfallen vor den Freunden. Bis nach der Feier kann er nicht warten.

Es gibt Kuchen. Die Mutter drängt den Freunden die größten Stücke auf, sie wollen sie gar nicht essen. Dabei bedient sie die Jungen, scherzt und trällert die Melodie einer neuen CD, die sie gerade bekommen hat. Marc empfindet ihr Verhalten als »peinlich«. »Immer macht sie eine Show, wenn ich Besuch habe«, denkt er. Marc kann sich ihr Verhalten nicht erklären, innerlich kocht er.

Einer seiner Freunde benötigt ein Papiertaschentuch. Marc sucht eine Packung Tempos und findet keine. Er fragt. Der Stiefvater antwortet ihm nur widerwillig, verhält sich abweisend. Marc erregt sich mehr und mehr.

Jetzt geht er in den Keller, um die Taschentücher zu suchen. Er wirft dem Vater ein Schimpfwort an den Kopf. Er nennt ihn »Depp«. Dieser antwortet mit »Idiot«. Marc rastet aus, seine Aus-

drücke gegenüber dem Vater werden unflätiger. Die Mutter versucht ihn zu bremsen. Sie redet unaufhörlich auf ihn ein. In solchen Situationen, erinnert sich Marc, steht der Vater manchmal auch auf und sagt drohend zu ihm: »Sag das noch einmal!« Dann schweigt er. Inzwischen beschimpfen ihn beide Eltern. Marc antwortet mit Schimpfwörtern. Den Freunden bleibt die Auseinandersetzung nicht verborgen. Sie hören gebannt zu und verfolgen atemlos das Geschehen. Vermittlungsversuche erweisen sich als zwecklos. Schließlich sagt die Mutter: »Du kannst gehen!«

Immer wenn sie das sagt, sieht Marc rot. Er war als 6-Jähriger in einem Heim und hat dort Schlimmes erlebt. Bilder gehen ihm durch den Kopf. Der Stiefvater nennt ihn jetzt einen »Assi«. Marc stürmt auf ihn zu. Er will ihn schlagen. Der Stiefvater bleibt sitzen. Marc haut ihn in den Bauch – »nicht ins Gesicht«, denkt er und versucht sich zu kontrollieren. Die Mutter stürzt sich auf ihn und versucht ihn festzuhalten. »Du kannst gehen!«, schreit sie. Immer, wenn er gesagt bekommt, dass er rausfliegt, rastet er total aus. Er versucht sich loszureißen, sie fällt auf den Boden. Die jüngere Schwester ruft die Polizei. Die Freunde bekommen alles mit. Der Geburtstag ist zu Ende ...

Ich kenne Marc seit sieben Jahren. Äußerlich wirkt er eher ruhig, innerlich aber wühlt ihn vieles auf. Das Schlimmste sind seine Zornesausbrüche. Heute kommen sie nur noch selten vor. Im ersten Schuljahr konnte man pro Woche mit einem Ausbruch rechnen. So manches Mal hatte er mit dem Stuhl nach seiner Lehrerin geworfen, aber nie getroffen.

Aggressives Problemverhalten bei Kindern und Jugendlichen stellt für Eltern, Lehrkräfte und Erzieher eine ständige Herausforderung dar. Und tendenziell gibt es immer mehr Kinder, die schon im frühen Alter soziale Normen nicht mehr erfüllen können und mit ihrer Wut und Aggression andere gefährden, sich selbst aber sozial isolieren. Diese Kinder brauchen Hilfe.

Es gibt inzwischen zahllose Abhandlungen über das Phänomen Wut, und doch bieten die Autoren wenig wirksame Lösungen für konkrete Situationen. Auf der einen Seite raten Experten, auf aggressives Verhalten passiv und gewaltfrei zu reagieren. So entsteht der Eindruck, man habe die Situation voll im Griff. Aber das betroffene Kind sieht hier nicht die geringste Veranlassung, sein Verhalten zu ändern. Es glaubt, »grünes Licht« zu haben, wenn es mit den Erwachsenen nach Belieben umspringt.

Auf der anderen Seite empfehlen Theoretiker, der eigenen Wut und dem Zorn Luft zu machen und aggressive Gefühle offen zu äußern, sie zuzulassen und auszuleben. Man scheint zu vergessen, dass der eigene Gefühlsausbruch bei manchen Kindern kaum zu brechenden Widerstand und trotzige Gegenwehr provoziert.

Beide Methoden haben ihre Schwachpunkte. Eltern und Lehrkräfte, aber auch Therapeuten stehen aggressivem Verhalten, Wutausbrüchen und besonderen Verhaltensproblemen in der Regel völlig hilflos gegenüber, scheinen zu erstarren und keine angemessenen Reaktionen zu finden.

Die Schätzungen trainingsbedürftiger Verhaltensstörungen schwanken zwischen 15 und 30 Prozent bei Kindern und Jugendlichen. Dabei erklären sich die Schwankungen aus den Definitionen von Verhaltensstörungen, die von kulturellen und gesellschaftlichen Einschätzungen, von der konkreten Situation und von den jeweiligen Beobachtern abhängen. Heute besucht etwa ein Prozent eines Jahrganges von Schulkindern eine Sonderschule für Erziehungshilfe.

Schon vor 75 Jahren haben Lehrkräfte Verhaltensstörungen in einer wissenschaftlichen Untersuchung beurteilt. Dabei wurden heterosexuelle Aktivitäten, obszönes Reden, Masturbation und Stehlen als die schlimmsten Störungen eingeschätzt. Heute stehen andere Verhaltensweisen eindeutig im Vordergrund –

aggressives Verhalten und Aufmerksamkeitsstörungen sind nach allen Forschungsarbeiten besonders unerwünscht. Themenbereiche wie »Aggression und Wut«, »Gewalt an der Schule«, »gewalttätige Schüler« haben in den Medien, aber auch in der Schule selbst Konjunktur.

Auch wenn manche Berichte in Zeitungen und Fernsehen dramatisiert scheinen und oft unzulässig verallgemeinern, gehören vandalistisches Verhalten, Körperverletzungen, aber auch tätliche Übergriffe zwischen Kindern und Jugendlichen heute zum Schulalltag.

In meinem eigenen ländlichen Bezirk, den ich als Schulpsychologe betreue, hatte sich ein Schüler eine Pistole gekauft, deren Munition aus kleinen Schaumstoffkügelchen besteht, die mit Luftdruck geschossen werden. Er hatte sie mit seinen dreizehn Jahren als dummen Scherz im Schulbus ausprobiert und dabei auch den Busfahrer von hinten getroffen. Dieser erschrak, brachte glücklicherweise den Bus sicher zum Stehen und weigerte sich zu Recht, den Schüler weiter mitzunehmen. Der Vorfall gelangte in die Bild-Zeitung mit der Schlagzeile: »Schüler schoss auf Busfahrer!«

Was ist normal? Die soziale und emotionale Entwicklung eines Kindes

Eltern fragen immer wieder verunsichert: Was ist bei einem Kind in seiner sozialen Entwicklung überhaupt normal und was nicht? Exakte Zuordnungen und auch Abgrenzungen erweisen sich als außerordentlich schwierig.

Was sieht nun die soziale Entwicklung eines Kindes in den unterschiedlichen Altersstufen aus?

Ein Säugling (bis ein Jahr)

- entwickelt Bindungen,
- verwendet Strategien, wie er Mutter/Vater in der Nähe halten kann,
- braucht eine Bezugsperson, um Erregung zu steuern und Stimmungen zu regulieren,
- lächelt im Kontakt zu anderen,
- beginnt gemeinsame Spiele,
- kooperiert bei einfachen Spielen (z. B. »Kuckuck«),
- entwickelt Interesse für seine Umwelt,
- beginnt Selbstbewusstsein zu entwickeln,
- verhält sich gegenüber Fremden zurückhaltend,
- reagiert gegen Ende des ersten Jahres auf von Eltern gesetzte Grenzen.

Das Kleinkind (1–3 Jahre)

- sucht die Nähe zu einer Bezugsperson, strebt aber auch nach Unabhängigkeit und erkundet gern Neues,
- spielt unabhängig und parallel zu anderen,
- imitiert andere und wiederholt alltägliche Ereignisse im Rollenspiel,
- wird selbstbewusster,
- trägt Konflikte mit Gleichaltrigen aus, schlägt und beißt,
- drückt Bedürfnisse und Gefühle in Gesten und Worten aus,
- kann sich schon etwas kontrollieren,
- geht nach Aufregungen schnell wieder zur Tagesordnung über,
- beginnt soziale Erwartungen zu verstehen.

Das Kindergartenkind (3–6 Jahre)

- beginnt in der Gruppe zu spielen,
- entwickelt Freundschaften,
- befolgt Regeln,

- spielt zusammen mit anderen,
- übernimmt die Wertvorstellungen der Eltern,
- geht angemessen mit Erwachsenen und Gleichaltrigen um,
- drückt Gefühle sprachlich aus,
- verwendet Worte, um Impulse zu kontrollieren.

Das Schulkind (6–12 Jahre)
- hat schon sichereres Selbstwertgefühl,
- kann Erregung über den Verstand regulieren, Handlungen verzögern, Ziele erreichen und Verhalten steuern,
- verinnerlicht Werte, Normen und Regeln,
- erkennt einander widersprechende Standpunkte und toleriert unterschiedliche Meinungen,
- identifiziert sich mit den Eltern als Rollenvorbildern,
- identifiziert sich stärker mit Gleichaltrigen gleichen Geschlechts.

Kinder stehen in jeder Phase ihres Lebens vor der Aufgabe, sich durchzusetzen, sich abzugrenzen und Nein zu sagen. Das geht häufig nur im Konflikt. Sie lernen, sich mit anderen Kindern und Erwachsenen auseinander zu setzen. Sie erfahren, wie man sich fair streitet, wie man Kompromisse schließt und sich wieder verträgt. Es gehört zum Erfahrungsbereich von Kindern, zu trotzen, unangemessenes Verhalten zu praktizieren und aggressiv zu sein. Problematisch wird aggressives Verhalten dann, wenn es unverhältnismäßig auftritt. Übermäßige Reizbarkeit (Jähzorn), unangemessenes Ausleben von Aggressionen und mangelnde Selbststeuerung führen dazu, dass Kinder sozial abgelehnt, gemieden und isoliert werden.

Das Phänomen »Wut« aus wissenschaftlicher Sicht

Störung des Sozialverhaltens

Kinder mit einer Störung des Sozialverhaltens verletzen immer wieder die Rechte anderer und die geltenden sozialen Normen und Regeln. Das tun sie entweder in der offenen Konfrontation oder verdeckt.

In der Diagnostik werden zwei Typen der Störung des Sozialverhaltens unterschieden:

Die Störung

- tritt vor dem zehnten Lebensjahr auf oder
- beginnt mit Eintritt in die Pubertät.

Vor dem zehnten Lebensjahr zeigt sich eine Störung des Sozialverhaltens eher offen-aggressiv. In dieser Gruppe sind mehr Jungen als Mädchen vertreten. Beginnt das problematische Sozialverhalten mit der Pubertät, läuft es eher verdeckt aggressiv ab, wobei hier fast so viele Mädchen wie Jungen betroffen sind.

Kinder mit einer Störung des Sozialverhaltens entwickeln mit großer Wahrscheinlichkeit ernsthafte emotionale und soziale Probleme und haben Schwierigkeiten im Leistungsbereich. Wissenschaftler haben festgestellt, dass diese Kinder und Jugendlichen als Erwachsene häufiger arbeitslos sind als andere. Insgesamt gilt: Je früher die Störung beginnt, je schwer wiegender und anhaltender die Probleme sind, desto schlechter ist die Prognose.

Aus dem DSM-IV, dem Standardwerk der amerikanischen Psychiatrie:

DSM-IV-Kriterien für eine Störung des Sozialverhaltens
A Es liegt ein repetitives und anhaltendes Verhaltensmuster vor, durch das die grundlegenden Rechte anderer und wichtige altersentsprechende gesellschaftliche Normen oder Regeln verletzt werden. Dies manifestiert sich durch das Auftreten von mindestens drei der folgenden Kriterien während der letzten zwölf Monate, wobei mindestens ein Kriterium in den letzten sechs Monaten aufgetreten sein muss:

Aggressives Verhalten gegenüber Menschen und Tieren
1. Bedroht andere oder schüchtert sie häufig ein,
2. beginnt häufig Schlägereien,
3. hat Waffen benutzt, die anderen schweren körperlichen Schaden zufügen können (z. B. Schlagstöcke, Ziegelsteine, zerbrochene Flaschen, Messer, Schusswaffen),
4. war körperlich grausam zu Menschen,
5. quälte Tiere,
6. hat in Konfrontation mit dem Opfer gestohlen (z. B. Überfall, Taschendiebstahl, Erpressung, bewaffneter Raubüberfall),
7. zwang andere zu sexuellen Handlungen.

Zerstörung von Eigentum
8. Beging vorsätzlich Brandstiftung mit der Absicht, schweren Schaden zu verursachen,
9. zerstörte vorsätzlich fremdes Eigentum (jedoch nicht durch Brandstiftung).

Betrug oder Diebstahl
10. Brach in fremde Wohnungen, Gebäude oder Autos ein,
11. lügt häufig, um sich Güter oder Vorteile zu verschaffen oder um Verpflichtungen zu entgehen (d. h. »legt andere herein«),
12. stahl Gegenstände von erheblichem Wert ohne Konfrontation mit dem Opfer (z. B. Ladendiebstahl, jedoch ohne Einbruch, sowie Fälschungen).

Schwere Regelverstöße
13. Bleibt schon vor dem Alter von 13 Jahren trotz elterlicher Verbote häufig über Nacht weg,
14. lief mindestens zweimal über Nacht von zu Hause weg, während er/sie noch bei den Eltern oder einer anderen Bezugsperson wohnte (oder nur einmal mit Rückkehr erst nach längerer Zeit),
15. schwänzt schon vor dem Alter von 13 Jahren häufig die Schule.

B Die Verhaltensstörung verursacht in klinisch bedeutsamer Weise Beeinträchtigungen in sozialen, schulischen oder beruflichen Funktionsbereichen.

C Bei Personen, die 18 Jahre oder älter sind, sind nicht die Kriterien einer antisozialen Persönlichkeitsstörung erfüllt.

Alter der Person bei Störungsbeginn:
– *Störung des Sozialverhaltens, Typus mit Beginn in der Kindheit:* Der Beginn mindestens eines der für die Störung des Sozialverhaltens charakteristischen Kriterien muss vor dem Alter von zehn Jahren liegen.

- *Störung des Sozialverhaltens, Typus mit Beginn in der Adoleszenz:* Keines der für die Störung des Sozialverhaltens charakteristischen Kriterien trat vor dem Alter von zehn Jahren auf.
- *Störung des Sozialverhaltens, Typus mit unspezifischem Beginn:* Alter bei Beginn unbekannt.

Schweregrad:
- *Leicht:* Zusätzlich zu den für die Diagnose erforderlichen Symptomen treten wenige oder keine Probleme des Sozialverhaltens auf, **und** die Probleme des Sozialverhaltens fügen anderen nur geringen Schaden zu.
- *Mittelschwer:* Die Anzahl der Probleme des Sozialverhaltens und die Auswirkung auf andere liegt zwischen »leicht« und »schwer«.
- *Schwer:* Zusätzlich zu den für die Diagnose erforderlichen Symptomen treten viele weitere Probleme des Sozialverhaltens auf oder die Probleme des Sozialverhaltens fügen anderen beträchtlichen Schaden zu.

Mögliche Ursachen
Die Ursachen dieser Störung sind ungeklärt. Man vermutet, dass eine Kombination aus Vererbung und Umwelteinflüssen eine Rolle spielt. Psychische Probleme der Eltern, niedriger sozialer Status und ein ständig wechselnder, übermäßig strenger Erziehungsstil gehören mit großer Wahrscheinlichkeit zu den auslösenden Bedingungen.

Natürlich stellt sich immer wieder die Frage, ob bereits eine Störung des Sozialverhaltens vorliegt oder ob das entsprechende Verhalten gerade noch toleriert werden kann. Ihre Beantwortung setzt sehr genaue Kenntnis der Situation, des Kindes selbst, seiner Wertvorstellungen und seines sozialen Umfeldes voraus.

Dazu folgendes kleines Fallbeispiel: Vor einiger Zeit erhielt ich von einer besorgten Mutter folgende E-Mail:

… Mein Sohn Kevin ist drei Jahre alt. Er kann sehr gut sprechen, ist sportlich und kann problemlos kleine Arbeitsaufträge erledigen. Manches in seinem Verhalten bereitet mir Sorgen. Manchmal wirft er unsere Katze im ersten Stock vom Balkon oder setzt sie in die Waschmaschine und stellt diese ein. Gestern hat er sich eine Nagelschere genommen und wollte die Ohren der Katze kürzen …
Ich mache mir Sorgen …

Meine Antwort fiel kurz aus:

Liebe Frau S. – Ihre Sorgen sind berechtigt. Kevins Verhalten ist sehr auffällig und entspricht keinesfalls dem anderer Kinder. So wie Sie ihn beschreiben, ist er ein intelligenter Junge, der Sie in Ihren Anweisungen versteht. Von daher suchen Sie am besten sofort professionelle Hilfe und beginnen mit einem Verhaltenstraining.

Zur gleichen Zeit rief mich auch eine andere Mutter an. Sie war sehr aufgeregt und besorgt, tief enttäuscht von ihrem Sohn Marcus und völlig hilflos:

Marcus besucht die achte Klasse eines Gymnasiums. Nach der Schule geht er oft in ein nahe gelegenes Kaufhaus und verbringt dort seine Zeit bis zur Abfahrt des Busses. Am liebsten hält er sich in der CD-Abteilung auf. Dort hört er sich neu erschienene CDs an. Vorgestern suchte er sich wieder einige CDs aus, steckte sie ein – ohne zu bezahlen – und nahm sie mit nach Hause. Niemand bemerkte den Vorfall. Zwei Tage später hört er wieder einige CDs, packt sie ebenfalls ein, wird aber vom Kaufhausdetektiv erwischt. Es kommt zu einer Anzeige, zu einem Verhör bei der Polizei und voraussichtlich zu einem Verfahren vor dem Jugendrichter, weil

Marcus noch unter sechzehn Jahren alt ist. Insgesamt hat er zwanzig CDs gestohlen.

Noch in der Sprechstunde ist die Mutter entsetzt. Sie hätte ihrem Kind den Diebstahl auf keinen Fall zugetraut. Sie überlegt, was sie tun kann.

Marcus hat längst alle CDs zurückgebracht. Er hat sich entschuldigt und ein Jahr Hausverbot für das Kaufhaus erhalten. In Gesprächen mit ihm reagiert er sehr betroffen. Er weint und ist sichtlich aufgewühlt. Er hat vorher noch nie etwas gestohlen. Dennoch gelingt es den Eltern noch nicht, zur Normalität in der Familie zurückzukehren.

Ich schlage vor, das gerichtliche Verfahren abzuwarten und ihn die Arbeitsauflagen, die er erhalten wird, ableisten zu lassen. Zusätzlich erhält er eine Strafe der Eltern: Er darf nicht in das Fußballtrainingslager, auf das er sich seit Monaten freut, mitfahren. Marcus ist einverstanden. Danach wird unter den Vorfall ein Schlussstrich gezogen. Weitere Gespräche mit Marcus sind nicht notwendig.

Oppositionelles Trotzverhalten

Kinder mit oppositionellem Trotzverhalten zeigen Trotzverhalten in schwererer Ausprägung als andere Kinder gleichen Alters, wobei es außerdem sehr häufig, fast täglich auftritt. Zwei bis sechzehn Prozent aller Kinder zeigen dieses übermäßige oppositionelle Trotzverhalten. Hier lassen sich deutlich mehr Jungen als Mädchen ausmachen.

Der Verlauf der Störung ist noch nicht hinreichend erforscht. Sie entwickelt sich vor dem achten Lebensjahr.

Mögliche Ursachen

Zu den Ursachen gibt es noch keine gesicherten Ergebnisse. Einige Wissenschaftler vertreten die Meinung, oppositionelles

Trotzverhalten habe neurologische und biologisch-genetische Ursachen, andere ziehen familiäre und soziale Erklärungsansätze vor.

Das Standardwerk der amerikanischen Psychiatrie schreibt dazu:

DSM-IV-Kriterien für eine Störung mit oppositionellem Trotzverhalten

A. Ein mindestens sechs Monate anhaltendes Muster von negativistischem, feindseligem und trotzigem Verhalten, wobei vier (oder mehr) der folgenden Symptome auftreten:
   1. wird schnell ärgerlich,
   2. streitet sich häufig mit Erwachsenen,
   3. widersetzt sich häufig aktiv den Anweisungen oder Regeln von Erwachsenen oder weigert sich, diese zu befolgen,
   4. verärgert andere häufig absichtlich,
   5. schiebt häufig die Schuld für eigene Fehler oder eigenes Fehlverhalten auf andere,
   6. ist häufig empfindlich und lässt sich von anderen leicht verärgern,
   7. ist häufig wütend und beleidigt,
   8. ist häufig boshaft oder nachtragend.

B. Die Verhaltensstörung verursacht in klinisch bedeutsamer Weise Beeinträchtigungen in sozialen, schulischen oder beruflichen Funktionsbereichen.

C. Die Verhaltensweisen treten nicht ausschließlich im Verlauf einer psychotischen oder affektiven Störung auf.

D. Bei Personen, die 18 Jahre oder älter sind, sind nicht die Kriterien einer Störung des Sozialverhaltens oder einer antisozialen Persönlichkeitsstörung erfüllt.

Nicht jedes oppositionelle Trotzverhalten gilt als auffällig. Es gehört zur gesunden sozialen Entwicklung eines Kindes, zu trotzen. Ein besonders eindrucksvolles Beispiel habe ich vor einigen Jahren in einer großen Gesamtschule erlebt:

Linus, ein sechsjähriger, wilder und rothaariger Junge, besuchte die Vorschule und hatte dort immer wieder Probleme, weil er sich nur schwer beherrschen konnte, oft in Auseinandersetzungen mit anderen Kindern geriet, aber auch mit seiner Lehrerin Konflikte austrug. Die gesamte Klasse war mit dem Sportunterricht nicht zufrieden, weil er zu langweilig war und jegliche Spannung fehlte. Linus organisierte den Widerstand – und eines Tages saßen alle zwölf Kinder vor der Turnhalle und riefen: »Wir haben nicht nur Pflichten, wir haben auch Rechte. Wir wollen einen besseren Sportunterricht!« Daraufhin suchte die Lehrerin mich auf, klagte ihr Leid und meldete Linus für ein Verhaltenstraining an, was sich auch aus anderen Gründen für ihn als günstig erwies. Seine Opposition, sein Trotzverhalten war – wie das der anderen Kinder – in diesem Fall keineswegs unangemessen. Für sein Alter war es beachtlich.

ADHS und Störungen im Sozialverhalten

Kinder mit gestörter Aufmerksamkeit, fehlender Impulskontrolle und hyperaktivem Verhalten (ADHS) haben im Sozialverhalten ganz bestimmte Schwierigkeiten.

Ein vorwiegend **aufmerksamkeitsgestörtes** Kind (**A**ufmerksamkeits-**D**efizit-**S**yndrom, **ADS**)

- hat Schwierigkeiten, Freunde zu gewinnen und zu behalten,
- versteht und befolgt Regeln nicht,
- kann Signale nicht deuten,
- vergisst Abmachungen mit Freunden,

Ein vorwiegend **hyperaktives** und übermäßig **impulsives** Kind
- berührt ständig andere oder ihr Eigentum,
- wirkt ruhelos, macht andere nervös,
- erkennt Gefahren nicht, verletzt sich aber weniger häufig als erwartet,
- nimmt kaum Rücksicht auf die Gefühle anderer,
- entscheidet, ohne nachzudenken und ohne Konsequenzen zu bedenken,
- äußert sich unkontrolliert und verletzt so andere häufig durch grobe Bemerkungen,
- wird oft zum Sündenbock,
- lässt sich leicht zu unangemessenem Verhalten überreden,
- ärgert Gleichaltrige, indem es sie dauernd unterbricht,
- platzt in Situationen hinein,
- unterbricht andere, wenn sie nachdenken oder sprechen,
- kann beim Spielen nicht abwarten, bis es an der Reihe ist,
- wird ungeduldig, wenn es warten muss.

Alle genannten Verhaltensweisen treten in der Regel unabsichtlich auf. Sie führen aber zu ständigen Frustrationen und einer Schädigung des Selbstwertgefühls, wenn dies nicht systematisch trainiert wird.

So entwickelt ein Teil der ADHS-Kinder folgerichtig zusätzlich eine Störung des Sozialverhaltens oder eine Störung mit oppositionellem Trotzverhalten.

André unterrichtete ich selbst als Schüler meiner fünften Klasse. Er war motorisch sehr unruhig, konnte sich kaum konzentrieren und sprach ständig dazwischen. Wenn er zwischen zwei Schülern saß – die Klasse saß im Hufeisen –, stellte das sowohl ihn als auch den Rest der Klasse vor große Probleme: André brauchte viel Platz für seine Sachen, und immer wieder passierte es ihm, dass er Dinge von anderen mitbenutzte, einsteckte oder gar kaputtmachte. Das führte ein paar Mal zu regelrechten Kämpfen im Klassenzimmer. Laufend sprach er mit einem seiner beiden Nachbarn, alberte herum und zettelte Streit an, der dann in den Pausen ausgetragen wurde.

Schließlich setzte ich ihn an einen Einzeltisch vorne in die Mitte des Raumes. Damit kam er sehr gut zurecht. Er begann langsam, seine Unterlagen zu ordnen, und nahm häufiger am Unterricht teil als früher. Der Abstand zum Lehrerpult betrug nur zwei Meter; ich konnte schnell bei ihm sein, konnte aber auch gut über ihn hinweg-sehen, wenn er unruhig war. Die anderen Kinder freuten sich, dass er sie im Unterricht weniger störte.

Wut und Aggressionen in der Schule

Man geht davon aus, dass fünf bis zehn Prozent der Schüler-innen und Schüler der Klassen 5 bis 10 durch häufiges aggres-sives Verhalten auffallen. Dabei betrifft dies eindeutig mehr die Jungen als die Mädchen. Verbale Aggression ist dabei häufiger als körperliche zu beobachten. Auch hier wiederum dominie-ren die Jungen, wenn auch der Anteil der Mädchen nicht un-erheblich ist.

Aggressives Verhalten erreicht seinen Höhepunkt in den Klassen 8 und 9. Hier scheint die Wut im Bauch am größten zu sein. So ist im Schulalltag immer wieder zu beobachten, dass Schüler schon bei geringfügigen Anlässen gereizt und aggres-siv reagieren. Ein solches Verhalten stürzt Eltern und Lehr-kräfte in der konkreten Situation oft in große Schwierigkeiten. Viele von uns kennen dieses Gefühl der totalen Hilflosigkeit, wenn ein Kind »rot sieht«. Wir erbleichen, haben ein flaues Gefühl im Magen, und in unserer Verwirrung sagen und tun wir oft Dinge, die wir später bereuen. Lehrkräfte verhalten sich schnell »unprofessionell« und interpretieren ihre Reaktionen einfach als peinlich, da sie von Hilflosigkeit geprägt sind. Es ist kein Trost, dass andere Lehrkräfte, aber auch Eltern, schon ähnliche Situationen erlebt haben. Es hilft uns auch nicht weiter, dass eigentlich keiner genau sagen kann, was dann zu tun ist.

Einige wenige Menschen haben damit keinerlei Probleme. Wir beneiden sie oft, weil sie intuitiv richtig mit Wutausbrüchen umgehen. Ihre Verhaltensweisen lassen sich kaum kopieren und können auch schwer analysiert werden.

Eltern und Lehrkräfte neigen in der Regel dazu, Kindern immer wieder zu erklären, wie man sich verhalten soll. Sie versuchen sie ständig zu überreden, bestimmte Verhaltensweisen zu praktizieren und andere zu unterlassen. Alles wird wieder und wieder beredet.

Die Wutausbrüche aggressiver Kinder stellen aber beispielsweise eine Sondersituation dar. Wer sie zu Hause, im Unterricht oder auf Klassenfahrten erlebt hat, musste leidvoll erfahren, dass gutes Zureden, Beruhigen, Schimpfen, Drohen oder das Verhängen von Sanktionen meist überhaupt nichts nützt. Wichtiger ist es, zu überlegen, welche Maßnahmen man präventiv ergreifen kann, um Verhaltensstörungen, aggressives Verhalten, unangemessene Gereiztheit und Wutanfälle zu verringern.

Unterschiedliche Formen von Aggression

Aggressives Verhalten bei Schulkindern ist darauf ausgerichtet, andere direkt oder indirekt zu schädigen. Dies ist in der Regel mit Gewalttätigkeit verbunden. Von »Gewalttätigkeit« spricht man, wenn Einzelne oder eine Gruppe von Schülern wiederholt und über einen längeren Zeitraum den Aggressionen eines oder mehrerer Kinder ausgesetzt sind.

Der Begriff Gewalt wird nur verwendet, wenn ein Ungleichgewicht der Kräfte vorliegt. Die Opfer haben große Schwierigkeiten, sich zu verteidigen, und sind nahezu hilflos gegenüber den SchülerInnen, die sie drangsalieren. Dabei wird der Begriff Gewalt nicht gebraucht, wenn zwei physisch und psychisch gleich Starke miteinander kämpfen.

Untersuchungen bestätigen, dass 70 Prozent aller Schüler überhaupt nicht an gewalttätigen Handlungen beteiligt sind – weder als Täter noch als Opfer. Diese große Gruppe kann – aktiviert durch entsprechendes Training – mit dazu beitragen, Gewalt in der Schule zu verringern.

Aggressives Verhalten kann nun in unterschiedlichster Form geschehen:

- verbal aggressiv
- körperlich aggressiv
- aggressiv gegen Objekte
- aggressiv gegen sich selbst

Im schulischen Bereich ist mit Sicherheit verbal-aggressives Verhalten am häufigsten zu beobachten. Dabei sind die Lehrkräfte immer wieder erstaunt und schockiert darüber, welche Flut von Schimpfwörtern – vor allem mit sexuellem Hintergrund – schon Kinder wortschöpferisch einsetzen können. Dabei können wir davon ausgehen, dass nur in den seltensten Fällen die Eltern zu Hause diese Schimpfwörter verwenden.

Körperliche Aggression zeigt sich offen auf jedem Schulhof. Alle hiermit verbundenen Verhaltensauffälligkeiten beziehen sich vor allem auf Jungen. So sind die Teilnehmer an unseren Trainings für überaktive Kinder fast ausschließlich Jungen: 90 Prozent Jungen stehen 10 Prozent Mädchen gegenüber. Interessanterweise gibt es kaum Untersuchungen zum aggressiven Verhalten von Mädchen. Im Rahmen unserer Trainings haben wir jedoch bei der Aufnahme der Vorgeschichte immer wieder festgestellt, dass schon im ersten Lebensjahr ähnliche Verhaltensweisen bei Jungen und Mädchen durch die Eltern unterschiedlich bewertet werden.

So berichten die Eltern immer wieder, dass überaktive und später zu Recht aggressive Kinder sich oft schon im ersten Lebensjahr nur schwer auf dem Arm halten lassen. Sie versuchen alles zu erreichen, krabbeln ohne jegliche Scheu auf alles zu und fassen dann auch später alles an, selbst wenn sie sich dabei verbrennen oder sich verletzen und Schmerz empfinden. Bei Jungen kommentieren dann die Eltern: »Das ist ein Forscher!« Diese Etikettierung erfolgt für Mädchen dieser Altersstufe nicht. Unruhiges und auch aggressives Verhalten scheint also bei Jungen positiver interpretiert zu werden.

Besonders große Schwierigkeiten haben Lehrkräfte im Umgang mit Kindern, die sich verdeckt aggressiv verhalten. Sie beschimpfen, treten, bespucken, zwicken andere immer dann, wenn es die Lehrkraft nicht sieht. Eigenart dieser Kinder ist es, alles abzustreiten, was den Umgang mit ihnen in der Schule eher unangenehm macht. Dabei fällt es besonders schwer, sie emotional zu akzeptieren.

Vandalismus, aggressives Verhalten gegenüber Gegenständen, ist in jeder Schule täglich zu beobachten. Es ist von Schule zu Schule unterschiedlich stark ausgeprägt. Hier agieren Kinder eher verdeckt aggressiv. Dinge werden beschädigt, zerstört und verunstaltet, und hinterher ist es keiner gewesen. Schulen, in denen regelmäßig die Pissoirs kaputtgetreten werden, aber auch Gymnasien, wo unter – nicht auf – der Tischplatte immer wieder Hakenkreuze eingekerbt werden, sind keine Seltenheit.

Unter autoaggressivem Verhalten sind Verletzungen zu verstehen, die man sich selbst beibringt – wie Nägelkauen, Ausreißen der Haare, sich blutig kratzen, Schnitt- oder Brandwunden etc. Es scheint eine Tendenz zu geben, dass das gegen sich selbst gerichtete aggressive Verhalten in den letzten Jahren zugenommen hat. Auffällig sind dabei vor allem Kinder mit exzessiven Schaukelbewegungen des Oberkörpers oder solche, die den Kopf immer wieder gegen die Wand schlagen, ohne dass bei ihnen eine Hospitalismusschädigung, d. h. eine Störung der Entwicklung, vorliegt.

Forschungsergebnisse zu aggressivem Verhalten

Bei Befragungen geben etwa zwei bis 15 Prozent der Jungen und ein bis fünf Prozent der Mädchen an, dass sie häufig verbal aggressiv sind. Als körperlich aggressiv bezeichnen sich drei bis sieben Prozent der Jungen und weniger als ein Prozent der Mädchen. Dabei ist verbal und körperlich aggressives Verhalten bei Jungen erheblich stärker ausgeprägt als bei Mädchen. Es nimmt von der Klasse 5 bis zur Klasse 9 hin zu. Bei den Mädchen ist diese Zunahme nicht ganz so deutlich zu beobachten, allerdings werden auch sie zur Klasse 9 hin eindeutig häufiger verbal aggressiv.

Andere Studien erbringen ähnliche Ergebnisse. Man kann also davon ausgehen, dass fünf bis etwa 10 Prozent der Schülerinnen und Schüler in den Klassen 5 bis 10 durch häufiges aggressives Verhalten auffallen. Dabei betrifft dies eindeutig mehr die Jungen als die Mädchen.

Verbale Aggression ist häufiger zu beobachten als körperliche; auch hier dominieren die Jungen, auch wenn der Anteil der Mädchen nicht unerheblich ist. Es zeigt sich eine Zunahme des verbal aggressiven Verhaltens als Trend bei den Mädchen. Auch in Mobbing sind sie häufiger verwickelt. Immer häufiger beklagen Eltern und auch Lehrkräfte die von Mädchen benutzte Fäkalsprache.

Wie hat man sich nun einen typischen aggressiven und gewalttätigen Schüler vorzustellen? In der Tat verhält er sich gegenüber Jüngeren und Gleichaltrigen – oft auch gegenüber Lehrkräften und Eltern – aggressiv. Er hat eine positive Einstellung zu Gewalt, übt selbst gern Macht aus und genießt es, andere zu beherrschen. Er hat ein positives Selbstbild und ein starkes Selbstwertgefühl. Die Vorstellung, dass aggressive und gewalttätige Schüler im Grunde genommen ängstlich und unsicher seien, hat sich nicht bewahrheitet – eher das Gegenteil ist der Fall.

Der typische aggressive Schüler hat wenig Mitgefühl mit den Opfern und ist auch meist körperlich überlegen. Er verhält sich keinesfalls ängstlich und unsicher. Seine Schulleistungen sind in der Regel durchschnittlich. Auch in der Klasse ist er durchschnittlich beliebt. Er reagiert mit seinem aggressiven Verhalten weder auf Misserfolge oder Belastungen in der Schule noch auf Provokationen und Ablehnung durch andere Mitschüler – vielmehr übt er Aggression bewusst aus und genießt dies in gewisser Weise.

Neben den aktiv gewalttätigen Schülern gibt es auch die Mitläufer. Schüler, die dieser Gruppe angehören, machen mit, ergreifen aber nicht die Initiative. Unter den Mitläufern finden sich sehr unterschiedliche Gruppe, z. B. viele ängstliche Kinder. Sie haben oft Probleme in der Familie und sind leistungsmäßig in der Schule eher schwach. Unter den aggressiven und gewalttätigen Schülern machen diese Mitläufer etwa 20 Prozent aus.

Interessant ist es auch, die Gruppe der Opfer genauer zu betrachten. Sie zeigen sowohl ängstliche als auch aggressive Verhaltensweisen. Auffällig bei ihnen ist, dass sie in ihrer provokativen Art in aggressiven Auseinandersetzungen sowohl Opfer als auch Täter werden können. Sie provozieren durch ihr Verhalten die Mehrzahl der Mitschüler und werden daher häufig von der gesamten Klasse abgelehnt.

In einigen Untersuchungen werden aggressive Schüler in vier Gruppen aufgeteilt, die sich in wenigen Hauptmerkmalen voneinander unterscheiden:

Die erste Gruppe zeigt Kinder, die neben der Aggressivität eigentlich nicht auffällig (zu Hause wie in der Schule) oder auch nicht besonders ängstlich sind. Sie empfinden den Unterricht meist als langweilig und bewerten aggressives Verhalten nicht als negativ. Oft initiieren diese Kinder aggressive Aktionen bewusst – aus Langeweile. Schüler dieser Gruppe sind in die jeweilige Schulklasse integriert. Sie steuern aggressive Aktionen oft so, dass für sie selbst keine negativen Konsequenzen entstehen. Ihre Schulleistungen sind durchschnittlich.

In der zweiten Gruppe finden sich Schüler, die in Familie und Schule sehr wenige Probleme haben. Sie gehen durchschnittlich gern zur Schule und kommen im Großen und Ganzen gut mir den Eltern aus. Viele haben sehr starke Prüfungsangst, ein geringes Selbstvertrauen und gehören wahrscheinlich eher der Gruppe der Mitläufer an. Sie verhalten sich eindeutig aggressiv, wenn keine Sanktionen zu drohen scheinen.

Schüler der dritten Gruppe haben häufig große Probleme in der Familie. Hier gibt es häufig Konflikte. Die Eltern zeigen wenig Interesse für das Kind. Schule, Lehrkräfte und Unterricht werden von dieser Gruppe negativ beurteilt und eher als Belastung empfunden. Die Kinder erweisen sich als sozial wenig kompetent und eher als ängstlich. In Konfliktsituationen reagieren sie leicht aggressiv.

Die vierte Gruppe zeigt ebenfalls große Probleme in der Familie. Sie hat wenig Angst und liebt riskante Aktivitäten. Eltern und Lehrkräfte werden eher distanziert behandelt. Schule, Unterricht etc. werden als langweilig empfunden. Bei ihnen ist ein ausgeprägtes aggressives Verhalten zu beobachten. Unter Gleichaltrigen werden sie häufig abgelehnt und leben auch oft in Konflikten mit Erwachsenen.

Zusammenfassend kann man sagen, dass die Schüler der ersten und der vierten Gruppe die eigentlich aggressiven und gewalttätigen Schüler sind, während in der zweiten und der dritten Gruppe sich eher die Mitläufer befinden. Dabei fallen die Schüler, die nicht aktiv angreifen, sondern sich aggressiv wehren, nicht ganz so stark auf – sie benötigen aber sowohl zu Hause als auch in der Schule die gleiche Hilfe und Unterstützung wie die offen aggressiv und gewalttätig agierenden Schüler.

»Wut im Bauch«

Nicht nur die Aggressiven, die Gewaltbereiten oder auch ständig Ausrastenden haben »Wut im Bauch«. Alle Kinder und Jugendlichen kennen dieses Phänomen. Eltern und Lehrkräfte wissen oft nicht, aus welchem Grund das Verhalten auftritt. Sie suchen nach Erklärungen und finden sie nur selten.

Manche Kinder können ihre Wut gar nicht offen zeigen und praktizieren dann ein Verhalten, das sich Eltern ebenfalls nur schwer erklären können. Sie verhalten sich oft missgünstig und hinterhältig.

Meistens hat man gar nicht genügend Zeit, die Ursachen genauestens auszuloten. Die Vorfälle zwingen zum Handeln. Immer wieder fragen Eltern verunsichert, wie sie sich verhalten sollen oder ob ihre Reaktionen »richtig« seien.

Stefan S. geht in die vierte Klasse einer kleinen Grundschule. Seine Lehrerin macht einen ausgezeichneten Unterricht und versucht auch immer wieder das Sozialverhalten der Klasse zu trainieren. Irgendwie hat sie aber das Gefühl, dass sie zu Stefan kaum Kontakt findet. Der Junge weicht ihr aus und spricht nur selten mit ihr über Persönliches. Eines Tages stellt sie fest, dass in der Klasse gestohlen wird.

Sie hat Stefan im Verdacht, möchte ihn aber nicht sofort beschuldigen. Sie wartet ab. Die Diebstähle häufen sich. Immer wieder verschwindet Geld aus den Mänteln, die auf dem Flur hängen. Schließlich wird Stefan ertappt. Seine Lehrerin stellt ihn zur Rede. Er schweigt verstockt. Anderen Kindern gegenüber verhält er sich aggressiv. Er schlägt und tritt nach ihnen. Gründe für sein Fehlverhalten kann er nicht benennen. Die Lehrerin berät sich mit der Mutter. Im Gespräch berichtet Frau S., dass sie sich gerade von ihrem Mann trenne. Sie vermutet, dass Stefan deshalb so reagiere. Beide sind jedoch ratlos, was sie tun sollen.

Da ich Stefan schon sehr lange kenne, sucht Frau S. mich in meiner Sprechstunde auf. Stefan fährt mit uns auf einen Landschulheimaufenthalt nach Sylt. Auch dort stiehlt er.

Nach einem halben Jahr nimmt er wieder an einem solchen Ferienaufenthalt teil. Er ist wie verwandelt – freundlich und ausgeglichen, so wie früher. Die Situation zu Hause hat sich geklärt. Die Trennung hat stattgefunden, und Stefan weiß nun, wie der Kontakt zu seinem Vater geregelt ist.

Im weitesten Sinne hat die familiäre Situation dazu geführt, dass Stefan sich angespannt, überfordert und einfach wütend fühlte, da er vieles nicht verstand und nicht damit umgehen konnte.

Trotzdem konnten sowohl Mutter als auch Lehrerin das auffällige Verhalten nicht einfach akzeptieren. Trotz allem waren sie gezwungen zu handeln – wussten aber nicht, wie.

So wie Stefan ergeht es vielen Kindern aus unterschiedlichsten Gründen. Sie kommen offensichtlich in eine für sie ausweglose Situation und scheinen wahllos »um sich zu schlagen«. Andere dagegen zeigen ständig ein Gefühl der Wut, und auch bei ihnen fragen die Eltern nicht nur nach der Ursache, sondern wünschen sich Handlungsmöglichkeiten.

Selbst Kinder suchen nach Lösungen, wie sie mit Wut in der Situation angemessen umgehen können.

Jean geht auf die Toilette des Jugendheimes. Als er aus der Kabine herauskommt, trifft er auf Michael, der beim Waschbecken steht und mit sich selbst zu sprechen scheint. Jean fragt ihn, mit wem er da rede. Michael ruft wütend: »Verschwinde!« Jean will sich jedoch erst noch die Hände waschen. Da bespuckt ihn Michael. Jean erschrickt und kann sich Michaels Verhalten nicht erklären.

In meinen Sprechstunden mache ich mir immer wieder Gedanken darüber, welche Ursachen diese Wut bei manchen Kindern haben kann, und wünsche mir genügend Zeit, um mich eingehend mit der familiären Situation, den schulischen Bedingungen und dem Wesen des Kindes zu beschäftigen. In der Praxis reicht die Zeit jedoch oft nicht aus. Dennoch signalisiert das Kind in seinem Verhalten, dass es dringend Unterstützung braucht. Manchmal ist zusätzliche professionelle Hilfe notwendig. Oft aber kann schon ein kleiner Schritt eine verfahrene Situation mildern. Glücklicherweise haben fast alle Kinder auch sehr viele Gesundes, Positives und Unterstützenswertes in sich, das ihnen hilft, eine Lösung selbst zu finden oder von außen zu akzeptieren.

Wie man das Verhalten eines Kindes verändern kann

Perfekte Kinder und perfekte Eltern gibt es nicht. Kinder verhalten sich selbstverständlich nicht immer so, wie Eltern es möchten. Können Eltern das Verhalten ihres Kindes nicht sofort verändern, reagieren sie oft frustriert, kopflos und unsicher. Aggressive und oppositionelle Kinder lösen regelrechte Angstgefühle aus.

In meinen Sprechstunden erlebe ich oft, dass die Eltern am

Tisch sitzen und das Kind im Büro herumläuft, alles anfasst und an allem herumhantiert. Selbst bei der Aufforderung, sich doch mit an den Tisch zu setzen oder ein Spielangebot zu akzeptieren, reagiert es nicht, sondern fährt fort, Dinge zu benutzen, die ihm nicht gehören. Den Eltern ist dies zwar peinlich, doch sie scheinen in der Situation unfähig, ihr Kind zu steuern.

Deshalb ist es wichtig, Erwartungen von vornherein nicht zu hoch zu schrauben, keine schnellen Veränderungen zu erhoffen und das Alter des Kindes, seine Persönlichkeit, seine Fähigkeiten, seinen Entwicklungsstand und die eigenen Möglichkeiten zu berücksichtigen.

Yannick besucht die 8. Klasse des Gymnasiums, er wiederholt das Schuljahr. Im Unterricht fällt er auf, weil er nicht selbstständig arbeiten kann und weil er ständig dazwischenredet. Vom äußeren Erscheinungsbild her glaubt man, Yannick gehöre in die 7. Klasse, vielleicht sogar in die 6. Klasse. Er ist noch nicht in der Pubertät und wirkt noch absolut kindlich. Bei ihm würden sich viele Interventionen als sinnlos erweisen, weil er einfach von seiner persönlichen Reife her nicht einem Jugendlichen der 8. und 9. Klasse entspricht, er verhält sich erheblich kindlicher. Die Ursachen für sein impulsives Verhalten werden mit Sicherheit andere sein als bei Kindern, die altersgemäß entwickelt sind.

Bei allen Schritten und Maßnahmen, die Eltern unternehmen, sollten sie auf ihr Urteil und ihr Gefühl vertrauen, weil sie das eigene Kind am besten kennen.

1. Gehen Sie immer nur ein Problem an.

Bearbeiten Sie mit Ihrem Kind nie mehr als ein Problem zur gleichen Zeit. Definieren Sie das Problem ganz genau. Machen Sie sich klar, was Sie verändern wollen. Es hilft nicht, wenn Sie Ihrem Kind vorwerfen, dass es wild ist, aneckt und sich verweigert. Verallgemeinerungen dieser Art haben wenig Sinn.

Sagen Sie zum Beispiel nicht: »Susanne, du kriegst überhaupt nichts auf die Reihe.«

Beurteilen Sie das Verhalten:

Susanne macht ihre Hausaufgaben nicht.

Sie hört nicht zu.

Sie regt sich leicht über Kleinigkeiten auf usw.

2. Verschaffen Sie sich Überblick.

Nehmen Sie sich ein Papier und teilen sie es in zwei Hälften auf. Auf die erste Hälfte schreiben Sie Verhaltensweisen, die weniger häufig auftreten sollen. Auf der zweiten Hälfte notieren Sie Verhaltensweisen, die häufiger auftreten sollen.

Beschäftigen Sie sich nur mit einem Problem Ihres Kindes. Lösen Sie das Problem, bevor Sie das nächste angehen. Aus der Liste von Problemen, die Ihnen vorliegt, wählen Sie sich nicht unbedingt das komplizierteste aus, sondern das, was Sie am meisten stört.

Verhalten, das weniger werden soll:	Verhalten, das häufiger werden soll:
– widerspricht in unhöflichem Ton – nimmt Aufforderungen nicht wahr – schreit sofort, wenn etwas nicht gelingt	– antwortet angemessen – reagiert prompt auf Aufforderungen – versucht es noch einmal, wenn etwas nicht gelingt

Manchmal ist es einfacher, mit einem weniger komplizierten Problem zu beginnen, damit Sie und Ihr Kind erleben, erfolgreich zu sein. Im Laufe der Zeit werden Sie unter Umständen feststellen, dass sich Prioritäten verändern; dann haben Sie bereits einen Wechsel erreicht. Ihr Kind ist auf dem Weg, kooperativ zu sein. Die alten Verhaltensweisen haben sich verändert. Das bedeutet, dass Sie und Ihr Kind sich besser fühlen und miteinander besser zurechtkommen.

3. Seien Sie mit wenig zufrieden.

Es ist selten, dass sich ein Problem eines Kindes über Nacht lösen lässt.

Wenn Ihr Kind immer in der letzten Minute für die Schule fertig wird, seien Sie zufrieden, wenn es dreimal hintereinander den Bus erreicht hat. Erwarten Sie nicht, dass es auch noch sein Bett macht. Zu hohe Erwartungen führen zu Enttäuschungen.

Gerrit nimmt seit einiger Zeit an einem Trainingsprogramm in der Schule teil, um zu lernen, andere Kinder nicht zu prügeln. Nach sechs Wochen kommt die Mutter wieder in die Sprechstunde. Sie ist schwer enttäuscht. Das Training habe überhaupt nichts gebracht – Gerrit prügele immer noch. Auf Nachfragen stellt sich heraus, dass es in den letzten Wochen je zweimal eine Prügelei gegeben habe. Im Vergleich zu früher, als Gerrit in jeder Pause in eine Rauferei verwickelt war, ist die Verbesserung enorm.

4. Seien Sie konsequent.

Meinen Sie das, was Sie sagen, und sagen Sie das, was sie meinen. Sprechen Sie sich ab, damit beide Elternteile das Gleiche meinen. Eltern neigen dazu, zu schnell nachzugeben, und Kinder wissen dies. Sie respektieren oft die Wünsche Erwachsener nicht, weil sie erfahren haben, dass dies keine ernsthaften Konsequenzen nach sich zieht.

Es ist Sonntagmorgen. Eigentlich wollten Herr und Frau F. heute etwas länger schlafen, aber bereits kurz nach sieben Uhr dröhnt der

Fernseher, und an Schlaf ist nicht mehr zu denken: Lea (5) und Luis (9) sitzen im Wohnzimmer und schauen sich Trickfilme an. Frau F. steht auf und schimpft: »Wenn ihr den Fernseher nicht leiser dreht, mache ich ihn aus!« Gebannt schauen die beiden auf den Bildschirm, während sie den Ton leiser schalten. Aber kaum ist Frau F. aus dem Raum, läuft das Gerät wieder mit voller Lautstärke. Nach einigen Minuten erscheint der wütende Herr F.: »Jetzt macht die Kiste leiser, sonst gibt es sonntags gar kein Fernsehen mehr!« Das Spiel wiederholt sich – nach wenigen Minuten ist der Fernseher so laut wie eh und je. Die F.s beschließen aufzustehen – an Schlaf ist jetzt nicht mehr zu denken. Die Kinder verbringen den Vormittag im Wohnzimmer mit ihren Trickfilmen ...

5. Versuchen Sie den Erfolg Ihrer Maßnahme zu messen.
   Manchmal deuten sich Wechsel an, aber sie sind nicht so einfach zu erkennen. Hat Ihr Kind Wutanfälle, beobachten Sie die Länge und Häufigkeit. Machen Sie sich Notizen, wie oft die Wutanfälle am Tag/in der Woche auftreten und wie lange sie jeweils dauern. Werden sie kürzer und weniger häufig, sind Sie auf dem richtigen Wege.

6. Seien Sie positiv.
   Versuchen Sie generell Ihr Kind nur positiv zu sehen. Unterschätzen Sie dabei nicht die Effizienz von Lob!

Lena (8) macht bei einem Trainingsprogramm mit, weil sie für ihr Alter unangemessene Wutanfälle hat: Wenn etwas nicht nach ihrem Willen läuft, wirft sie sich laut heulend auf den Boden. Als es bei einem Geduldsspiel wieder einmal so weit ist und Lena eine Szene macht, geht die Trainerin gar nicht auf den Wutanfall ein – sie spricht beruhigend mit dem Mädchen und sagt immer wieder: »Du schaffst das schon, versuch, ruhig zu werden. Du schaffst das schon ...« Als Lenas Wutanfall schließlich vorbei ist, lächelt die

Trainerin sie an und sagt: »Siehst du? Du schaffst es doch!« Lena schluchzt noch etwas, aber dann lächelt sie zurück. Bald ist »Du schaffst das schon« so etwas wie ein Schlüsselsatz für Lena. Wenn sie die Wut kommen fühlt, murmelt sie immer wieder vor sich hin: »Ich schaff das schon … ich schaff das schon …« Es gelingt ihr immer häufiger, sich zu beruhigen. Dafür wird sie von der Trainerin gelobt.

7. Teilen Sie dem Kind Ihre Erwartungen mit.

In einer ruhigen Minute erklären Sie dem Kind, wie Sie mit ihm arbeiten werden. Eltern sprechen oft mit Kindern wie zu Erwachsenen: über Verantwortlichkeit, Zuverlässigkeit, Bedeutung für das Leben und Kooperation. Sprechen Sie stattdessen lieber freundlich mit ihm, liebevoll, drohen und belehren Sie nicht.

Frieder (9) soll lernen, seine Wutanfälle in den Griff zu bekommen. Die Trainerin bespricht mit ihm, was passiert, wenn er in den Ferien einen Wutanfall bekommt, und erklärt ihm: »Ich weiß, dass du es manchmal nicht aushältst, wenn du verlierst. Verlieren kann jeder mal – es ist aber nicht in Ordnung, wenn man dann ausrastet, auf das andere Kind losgeht und es verprügelt. Deshalb machen wir es so: Wenn du ausrastest, gehst du in dein Zimmer und bleibst da, bis du dich wieder beruhigt hast. Dann kannst du wiederkommen und weiter mitmachen. Wenn du es aber schaffst, ruhig zu bleiben, bekommst du 50 Extrapunkte. Hast du das verstanden? – Prima.«

2 DIE GRUNDTECHNIKEN DER DISZIPLIN

Für viele Eltern bedeutet Disziplin Bestrafung. In Wirklichkeit ist aber gemeint: Training in einer Kombination von Lob und Bestrafung. Da dies nicht an einem Tag erreicht wird, sollten Eltern folgende Schritte berücksichtigen:

1. Lernen Sie selbst, sich zu entspannen, damit Sie gelassener und ruhiger sind.
2. Kündigen Sie nichts an, was Sie nicht einhalten können.
3. Formulieren Sie genau und kurz, was Sie wollen.
4. Glauben Sie an Ihr Kind und trauen Sie ihm Veränderung zu.

Wie man lobt

Wenn Sie Ihr Kind ständig kritisieren und an ihm herumnörgeln, passiert Folgendes: Ihr Kind möchte gern Ihre Aufmerksamkeit und Zuwendung. Wenn Sie nun permanent für etwas, das nicht klappt, mit Ihrem Kind schimpfen, erhält es Aufmerksamkeit für ein Verhalten, das noch nicht gut funktioniert. Das Kind lernt: Wenn ich etwas falsch mache, beschäftigt man sich mit mir. Wenn Sie aber das loben, was gut klappt, konzentrieren Sie sich auf das Positive. Das Kind lernt: Wenn ich etwas gut und richtig mache, beschäftigt man sich mit mir. In Zukunft wird es versuchen, das öfter zu tun, was gut war, um noch mehr Zuwendung zu bekommen. Viele Eltern loben zu wenig. Sie müssen lernen, auch in der Hektik des Alltags Lob zu praktizieren.

Aus der Schule sind wir gewöhnt: Fehler werden mit Rotstift markiert. Wenn etwas nicht funktioniert, wenden wir all unsere Aufmerksamkeit darauf. Funktioniert hingegen etwas reibungslos, nehmen wir das für selbstverständlich und erwähnen es mit keiner Silbe. Das hat den Effekt, dass wir uns im Alltag ständig mit ärgerlichen, unangenehmen Dingen beschäftigen.

Auch Kinder bekommen in der Regel erst dann eine Rückmeldung, wenn ihnen etwas nicht gelungen ist. Macht ein Kind viel falsch, wird es häufig kritisiert – es soll »aus seinen Fehlern lernen«. Dabei lernt es aber vor allen Dingen, dass es viel falsch macht, also wenig kann.

Das Positive zu sehen und zu benennen erfordert ein grundlegendes Umdenken und ist zu Beginn gar nicht so einfach. Dennoch lohnt es sich: Durch Lob verbessert sich das Selbstbewusstsein des Kindes. Es gewinnt den Eindruck, dass es doch schon eine ganze Menge kann, und geht mit mehr Mut und Selbstvertrauen an neue Aufgaben heran. Man kann also gar nicht genug loben. Auf Elternabenden hört man immer wieder von den Eltern (und Lehrkräften), dass sie sehr viel loben. Fragt man sie dagegen nach einer besonders positiven Eigenschaft ihres Kindes, fällt ihnen häufig nichts ein. Auch Lehrkräfte scheinen das Lob nur theoretisch zu kennen – praktisch handeln sie aber eher nach der Devise »Nicht geschimpft ist schon gelobt«. Sie bauen jedoch keineswegs Verhaltensweisen über positive Rückmeldungen auf.

Wichtig ist, vom Verhalten eines Kindes zu sprechen – nicht von seiner Persönlichkeit: Also nicht »Sei ein guter Junge« oder »Sei ein braves Kind«. Immer brav und gut zu sein ist ein unerreichbares Ziel für ein Kind. Dagegen ist es wichtiger, das Verhalten genau zu benennen, das schon gut klappt: »Es hat mir gut gefallen, wie du mit deiner kleinen Schwester gespielt hast«.

Positives Verhalten wird am effektivsten durch Lob aufgebaut. Bei dieser Technik wird jeder kleine Schritt in die richtige Richtung gelobt. Dabei ist es wichtig, das Lob zu spezifizieren, also ganz genau zu sagen, was das Kind jetzt gut gemacht hat.

Gerrit soll lernen, seine Schultasche zu packen. Alles Zureden und Schimpfen hat bisher nichts genützt. Nun versucht die Mutter es mit Methode und in kleinen Schritten. Anfangs lobt sie Gerrit, wenn er seine Tasche mit in sein Zimmer nimmt, statt sie wie üblich in den Flur zu werfen. Als er einmal ein Buch nach den Hausaufgaben in die Tasche steckt, wird er auch dafür gelobt. In wenigen Wochen lernt Gerrit, auf den Stundenplan zu schauen, seine Sachen zusammenzusuchen und die Tasche neben die Tür zu stellen.

Wenn Eltern Schwierigkeiten haben, Positives zu finden, ist es gut, ein Tagebuch des positiven Verhaltens eines Kindes zu führen und dies mit dem Kind täglich zu besprechen, also jeden Tag mit ihm zu erörtern, was ihm an diesem Tag gelungen ist.

Marius (7) war vom Tag seiner Einschulung an ein Problemkind. Jeden Tag gibt es Ärger mit anderen Kindern – wenn nicht auf dem Schulhof, dann auf dem Weg zur Schule. Wenn irgendwo eine Gruppe Kinder ruhig spielt und Marius hinzukommt, ist im Handumdrehen eine Rempelei im Gange. Die anderen wollen nichts mehr mit ihm zu tun haben, und so ist Marius meist allein unterwegs. Kontakte mit anderen knüpft er ausschließlich über aggressives Verhalten. Lehrerin und Eltern wissen sich keinen Rat mehr – jeden Tag schimpfen sie mit dem Jungen, aber der wird nur immer verstockter und will schließlich mit niemandem mehr reden.

 Die Schulpsychologin rät den Eltern, mit Marius ein Positiv-Tagebuch zu führen. Jeden Tag schreibt die Lehrerin eine Sache hinein, die Marius gut gemacht hat. Zu Hause bespricht die Mutter die Einträge mit ihrem Sohn und fügt selbst etwas Positives hinzu.

Anfangs sind es eher formale Dinge, die der Lehrerin auffallen: »Marius hat heute seine Jacke ordentlich aufgehängt« oder »Marius hat sich heute in Sachkunde prima gemeldet«. Bald aber kommen soziale Verhaltensweisen hinzu: »Marius hat heute beim Malen seinen Farbkasten mit Nico geteilt«, »Marius hat die Pause ohne Streit mit den anderen in der Klasse verbracht«.

Zu Hause liest die Mutter die Einträge laut vor und bekräftigt Marius hierin. Mittlerweile freut sich der Junge regelrecht auf das Gesicht seiner Mutter. Als sie eines Tages liest: »Marius hat heute den ganzen Tag mit keinem anderen Kind Streit gehabt«, geht sie mit ihm am Nachmittag ein Eis essen. Das hat er sich redlich verdient.

Man beginnt also damit, jeden kleinen Schritt zu loben, um so erwünschtes Verhalten aufzubauen:

Ein sechsjähriges Kind soll lernen, anderen Kindern nicht einfach alles wegzunehmen, was es haben will. Man erklärt ihm, wie man höflich fragt (Modellverhalten), und lobt dann schon, wenn es das andere Kind fragt, ehe es sich den gewünschten Gegenstand nimmt. Man sagt »Gut, dass du Bescheid sagst, dass du den roten Stift brauchst.«

Die Anforderungen erhöht man allmählich: »Jetzt hast du prima abgewartet, bis dir Lisa den Stift gegeben hat.« »Du hast richtig nett *bitte* gesagt – toll!« Kommt das erwünschte Verhalten regelmäßig vor, lobt und belohnt man entsprechend. Die Bekräftigung kann nach einiger Zeit intermittierend erfolgen, also nur noch ab und zu, doch eigentlich soll man auf Lob niemals verzichten.

Wichtig ist, das Lob dem Alter des Kindes anzupassen: Kleinere Kinder bevorzugen bei ihren Eltern Lob und körperlichen Kontakt, also Umarmungen, Küsse usw. Ältere wollen unter Umständen nicht öffentlich umarmt werden; hier reicht ein Signal – zum Beispiel Daumen hoch halten. Jugendliche reagieren unter Umständen auf etwas, was man positiv sagt, mit

Ironie. Ist das Lob zu dick aufgetragen, reagieren sie eher zurückhaltend. Sie sagen dann, dass ihnen das Verhalten ihrer Mutter »peinlich« sei.

Zu bedenken ist, dass immer gleiche positive Sätze sich mit der Zeit abnutzen. Man muss also kreativ sein und sich auch andere positive Bekräftigungen ausdenken – zum Beispiel eine Nachricht in die Frühstücksdose oder auf das Kopfkissen, an die Zimmertür, in ein Buch usw.

Kleinere Kinder lobt man sofort. Zur gleichen Zeit zeigen Sie Ihrem Kind aber immer wieder, dass Sie es mögen – bedingungslos. Auch wenn Sie sein Verhalten trainieren: Umarmen Sie es, hören Sie ihm zu, schauen Sie es an, haben Sie Zeit, schätzen Sie es.

Für manche Mütter stellen folgende Grundregeln des Lobens eine Hilfe dar:

- Loben Sie sofort!
- Sagen Sie genau, was gut ist!
- Loben Sie nur, wenn Sie es wirklich meinen!
- Vermischen Sie niemals Lob und Kritik!
- Loben Sie so oft wie möglich!

Wie man ignoriert

Es kann außerordentlich effektiv sein, unangemessenes Verhalten zu ignorieren. Viele Eltern glauben, dass sich dann gar nichts verändert, wenn sie diese Technik anwenden.

Systematisches Ignorieren heißt, unangemessenes Verhalten nicht wahrzunehmen und die Aufmerksamkeit auf genau das Verhalten zu richten, das man sich wünscht. Wichtig ist, beide Komponenten zu berücksichtigen. Natürlich gibt es Dinge, die man nicht ignorieren kann, etwa wenn ein Kind andere Kinder verletzt oder Dinge kaputtmacht.

Nicht alle Eltern können mit dieser Technik arbeiten. Für

manche vergrößert sich der Stress, weil sie unerwünschtes Verhalten einfach nicht ertragen können, ohne dazwischenzugehen. Für sie ist das Ignorieren mit positivem Modell eine gute Lösung.

Systematisch wird Ignorieren folgendermaßen eingeübt:
1. Entscheiden Sie zunächst, was Sie ignorieren können und was nicht.
2. Beginnen Sie nicht etwas zu ignorieren, das Sie nicht aushalten können. Wenn es ein Verhalten ist, das Sie nicht einige Stunden lang ignorieren können, beginnen sie damit keinesfalls.
3. Viele Verhaltensweisen werden **zunächst** schlimmer, wenn man sie ignoriert, bessern sich dann aber ziemlich schnell. Stellen Sie sich als Hilfe die Frage »Was ist das Schlimmste, was mir passieren kann? Kann ich es ertragen?«

David (9) soll Hausaufgaben machen, obwohl er nicht will. Seine Mutter steht im Kinderzimmer hinter seinem Schreibtisch und versperrt ihm so jede Fluchtmöglichkeit. In die Enge getrieben, beginnt David zu rufen: »Hau ab! Hau ab! Hau ab!« Seine Mutter ignoriert dies und bleibt einfach stehen. David steigert seine Lautstärke und schreit weiter: »Hau ab! Hau ab!« Seine Mutter bleibt ungerührt weiter an ihrem Platz. Schließlich überschlägt sich Davids Stimme, und er beginnt zu heulen. Dann nimmt er unter Tränen seine Tasche und räumt seine Schulsachen auf den Schreibtisch. Die Mutter lächelt und sagt: »So ist es gut! Wenn du jetzt schnell weitermachst, kannst du in einer halben Stunde nach draußen.«

4. Nicht jedes missliebige Verhalten kann durch Ignorieren ganz verändert werden, aber die Intensität lässt nach.
5. Manchmal gelingt es einem nicht, konsequent zu bleiben, und man gibt nach – ein Beispiel: Die Tochter weigert sich,

ihre Schuhe selbst anzuziehen, und schreit. Da die Familie verreisen will und kurz vor der Abfahrt steht, bindet ihr der Vater schließlich die Schuhe zu.

Beim nächsten Mal – wenn die Tochter wieder ihre Schuhe nicht selbst anziehen will und die Eltern nicht unter Zeitdruck stehen – verfahren sie anders.

Sie binden die Schuhe nicht zu – sondern verhalten sich folgendermaßen:

Das Kind schreit wieder. Es will die Schuhe nicht selbst zubinden und möchte gern, dass einer der Erwachsenen es tut. Die Erwachsenen gehen einfach aus dem Raum. Sie beschäftigen sich mit etwas anderem. Sie reagieren nicht auf das Verhalten des Kindes. Sie kommentieren es auch nicht. Sie schauen dem Kind auch nicht zu, wenn es wütend ist, tobt oder schreit. Günstig ist, den Raum einfach zu verlassen. Man hält räumlich Distanz, solange das Kind noch wütend ist und die Schuhe nicht bindet. Das bedeutet nicht, dass man ihm die »kalte Schulter« zeigt.

6. Akzeptieren Sie, dass ein Verhalten zunächst schlimmer wird.

7. Wenn Sie mit dem Ignorieren beginnen, wird Ihr Kind alles tun, um Ihre Aufmerksamkeit auf sich zu ziehen. Es wird Intensität, Lautstärke und Häufigkeit vergrößern, bis zu dem Punkt, an dem es annimmt, dass Sie reagieren werden. Lassen Sie sich nicht beirren; versuchen Sie die Zeit zu messen und die Häufigkeit des Vorkommens zu zählen; dies wird Ihnen zeigen, dass Sie Fortschritte machen.

Wenn Maja (2) etwas durchsetzen will, wirft sie sich auf den Boden und brüllt mit hochrotem Kopf, bis sie bekommt, was sie will. Majas Mutter versucht es mit der Methode des Ignorierens. Bei einem Wutanfall misst sie die Zeit, die Maja schreiend auf dem Teppich liegt (schon allein, um sich abzulenken) – zehn Minuten, dann ist das

Mädchen erschöpft. Beim nächsten Wutanfall dauert es noch acht Minuten, bis sich das Mädchen beruhigt hat, schließlich noch fünf Minuten usw. ...

Sobald Maja sich wieder völlig beruhigt hat, nimmt ihre Mutter sie auf den Arm und beschäftigt sich mit ihr. Sie spricht freundlich mit ihr und lobt sie dafür, dass sie jetzt wieder ruhig ist. Wenn immer möglich, lobt Majas Mutter ihre ältere Tochter Lisa (4) in Majas Gegenwart, wenn Lisa »bitte« oder »danke« sagt.

Die *broken record technique*

Wenn ein Kind kein »Nein« akzeptieren kann, ist es günstiger, nicht immer wieder von neuem zu argumentieren. Das Kind hat offensichtlich gelernt, dass Sie einlenken werden, wenn es lange genug insistiert.

Mutter: *Mach den Fernseher aus und fang mit den Hausaufgaben an.*
Kind: *Aber ich will das hier sehen.*
Mutter: *Wenn du jetzt nicht mit den Hausaufgaben anfängst, wirst du nicht fertig bis zum Judo.*
Kind: *Ich beeil mich dann auch.*
Mutter: *Wie viel hast du denn überhaupt auf heute?*
Kind: *Gar nicht viel, Englisch muss ich erst für Freitag machen. Bitte, das hier dauert nur noch eine Viertelstunde.*
Mutter (entnervt): *Na gut, aber heute ist das letzte Mal.*

In solchen Fällen eignet sich die *broken record technique*, die Technik der gesprungenen Schallplatte. Sie funktioniert folgendermaßen:

Das Kind möchte gern seine Lieblingsfernsehserie sehen. Die Mutter lehnt ab, weil die Hausaufgaben zuerst fertig gemacht werden müssen. Dies begründet sie. Das Kind findet aber immer neue Argumente, warum es die Fernsehserie sehen sollte. Man fasst jetzt die Begründungen zusammen und kommt zu dem Fazit: Vor Beendigung der Hausaufgaben kein Fernsehen. Dies wird als Aussage stoisch wiederholt:

Mutter*: Erst die Hausaufgaben, dann der Fernseher.*
Kind: *Aber Mama, das dauert doch nur eine Viertelstunde!*
Mutter: *Erst die Hausaufgaben, dann der Fernseher.*
Kind: *Aber die anderen dürfen das auch alle schauen!*
Mutter: *Erst die Hausaufgaben, dann der Fernseher.*
Kind: *Nur heute, ausnahmsweise, bitte!*
Mutter: *Erst die Hausaufgaben, dann der Fernseher.*
Kind: –––*!*

Diese Technik kann zunächst dazu führen, dass Kinder Wutausbrüche bekommen. Nach einiger Zeit kommt man aber zu interessanten positiven Ergebnissen.

Wie man belohnt

Manchmal ist es günstig, kleine Belohnungen einzusetzen, um gewünschtes Verhalten schneller zu erreichen. Belohnungssysteme erhöhen eindeutig die Motivation.

1. Machen Sie eine Übersicht (»Wenn du dir drei oder vier Dinge wünschen könntest, was wäre das?«)
2. Wenn du mit deiner Mutter/deinem Vater/deinen Eltern etwas allein unternehmen könntest, was würde das sein?
3. Welche Vorrechte und Sonderregelungen sind dem Kind besonders wichtig? Fragen Sie: Was ist dir besonders wichtig? (Lieblingsessen, Freizeitaktivitäten)
4. Was würdest du gern mit deinen Freundinnen und Freunden unternehmen?

Alle Belohnungen müssen möglichst sofort gegeben werden.

Übersicht über die Belohnungen:

täglich	wöchentlich	monatlich
Sticker	Kino	Buch
Nachtisch	kleines Spielzeug	Spiel

Definieren Sie genau, was Ihr Kind tun soll. Legen Sie exakt fest, wie das Kind eine Belohnung erhält. Sagen Sie nicht: »Sei nicht unordentlich«, sondern »Mach dein Bett bitte ordentlich, nachdem du aufgestanden bist.« Rein technisch beginnt man zunächst mit täglichen Verstärkern, geht über zu wöchentlichen und schließlich zu monatlichen. Trotzdem überraschen Sie Ihr Kind gelegentlich mit einer Belohnung außer der Reihe.

Bei der Durchführung eines solchen Plans achtet man darauf, langsam die Anforderungen an das Kind zu steigern, nicht zu akzeptieren, wenn das Kind den Anforderungen nicht genügt beziehungsweise seine Aufgaben nicht erfüllt. Für nicht oder nur halb erledigte Aufgaben gibt es keine Belohnung.

Die täglichen Belohnungen werden allmählich zurückgenommen. Verlängern Sie langsam den Zeitraum zwischen den wertvolleren Belohnungen. Lassen Sie allmählich die Belohnungen weg und gehen Sie zu natürlichen Konsequenzen über, zum Beispiel lassen Sie das Kind ein Lokal auswählen, weil es sich bei Tisch so gut benehmen kann. Sorgen Sie dafür, dass auch andere Personen das Verhalten des Kindes loben.

Arbeit mit Verstärkerplänen

Verstärkerpläne sind eine bewährte Methode aus der Verhaltenstherapie, die Kinder motiviert und ihnen hilft, gewünschtes Verhalten einzuüben. Sie lassen sich sehr gut in der Schulklasse anwenden und sind auch zu Hause einsetzbar.

Für ein vereinbartes Verhalten bekommt das Kind Punkte, die es in einen Plan einträgt oder als Punkte aufmalt.

Solche Punkte nennen die Fachleute Tokens. Allein die Tatsache, dass sich ein Kind für ein erwünschtes Verhalten Punkte geben darf, bestärkt das Kind schon, das entsprechende Verhalten öfter zu zeigen. Außerdem weiß es, dass es, wenn es genügend Punkte hat, eine Belohnung erhält. Es sieht an der Anzahl der Punkte, dass es schon viel geschafft hat und dass es auf dem richtigen Weg ist.

Wenn Martin seine Schultasche selbst packt und alles richtig einordnet, erhält er drei Punkte. Er malt sie stets sorgfältig auf einen Punkteplan, der in der Küche hängt. Jeden Tag zählt er seine Punkte, obwohl er genau weiß, wie viele er hat. Bei zwanzig Punkten darf er mit seiner Mutter ins Kino gehen und einen tollen Film sehen. Martin rechnet sich schon aus, wann das sein wird, und packt deshalb seine Schultasche besonders sorgfältig.

Ein Verstärkerplan wird eingesetzt, um

- eine besonders hohe Motivation zu schaffen,
- ein Verhalten schnell aufzubauen und
- dann, wenn sich andere soziale Verstärker (wie Loben, gutes Zureden etc.) erschöpft haben.

Die große Mehrzahl der Kinder ist bereit, sich entsprechend den Vereinbarungen auf dem Verstärkerplan zu verhalten, weil sie dafür eine bestimmte Belohnung erhalten. Ein attraktiver Preis weckt das Interesse, auch wenn die Kinder nicht wirklich verstehen, warum sie sich so verhalten sollen.

Die Kinder machen neue Erfahrungen, wenn sie sich positiv verhalten – sie werden mehr gelobt und eher akzeptiert; auf diese Weise können sie lernen, dass sich dieses neue Verhalten für sie günstig auswirkt. Zusätzlich zu der materiellen Verstärkung erleben sie, dass sie mit dem neuen Verhalten erfolgreicher sind. Sie erleben soziale Verstärkung durch ihre Umwelt, die positiv auf ihr verändertes Verhalten reagiert.

Das Training mit einem Verstärkerplan gilt als eine Sonderbehandlung, die auch als solche angesehen werden soll. Sie leistet gute Dienste. Sie sollte aber nicht zu früh und auch nicht zu lange eingesetzt werden. Der Verstärkerplan wirkt eben dadurch, dass er etwas Besonderes ist.

Tokens

Tokens sind, wie schon erwähnt, die Punkte, die bei einem Verstärkerplan vergeben werden. Tokens sind Ersatzverstärker, sie stehen zwischen dem erwünschten Verhalten und dem eigentlichen materiellen Verstärker, dem Preis, den das Kind bekommen möchte. Will man nun erreichen, dass ein positives Verhalten häufiger gezeigt wird, so muss man dieses Verhalten möglichst schnell und häufig belohnen. Gibt man beispielsweise einem Kind jedes Mal, wenn es seine Jacke aufhängt – anstatt sie in die Ecke zu werfen –, ein Bonbon, wird das Kind mit Sicherheit seine Jacke immer häufiger aufhängen. Statt Bonbons sollte man lieber Punkte geben, die das Kind auf einem Plan aufmalt. Erhält es immer wieder ein Bonbon, hat es diese bald über. Sammelt es aber die Punkte, kann es sie später gegen einen kleinen Preis, den es selbst begehrt, eintauschen.

Susannes Mutter hat sich eine kleine »goldene« Kiste angelegt. In ihr befinden sich viele kleine Preise, die ein Kinderherz begehrt: Sticker, schicke Bleistifte, eine Wasserpistole, bunte Würfel, kleine Bälle etc. Wenn Susanne ihre Hausaufgaben zügig innerhalb einer Stunde macht, erhält sie drei Punkte. Bei zwanzig Punkten darf sie die goldene Kiste öffnen und sich einen Preis aussuchen. Susanne hat sich angestrengt und ihre Hausaufgaben nicht nur zügig, sondern auch ordentlich gemacht. Sie hat sich riesig gefreut, wenn sie die »goldene Kiste« öffnen durfte, um eine Belohnung zu entnehmen.

Heute braucht sie die Kiste nicht mehr. Sie macht die Hausaufgaben von sich aus. Ihre Mutter aber setzt sie manchmal doch

*noch ein, weil Susanne mit dem Aufräumen ihres Zimmers auch
Probleme hat…*

Tokens haben drei große Vorteile:
1. Punkte wirken verstärkend, ohne dass ein Sättigungseffekt
   auftritt, obwohl die eigentliche Belohnung nicht sofort
   gegeben wird.
2. Die Kinder sparen eine bestimmte Menge von Punkten an,
   um die eigentliche Belohnung zu erhalten. Die Kinder empfinden es schon als positiv und somit verstärkend, Punkte zu
   erhalten oder aufzumalen.
3. Die Punkte sind eine direkte Rückmeldung darüber, was das
   Kind schon geleistet hat. Wenn der Punkteplan sich allmählich füllt, sieht das Kind seinen Erfolg.

Tokens sind sozusagen eine »Währung«. Was man mit ihnen
»kaufen« kann, ist unterschiedlich. Man trainiert so, dass sowohl soziale als auch materielle Verstärker eingekauft werden
können.

Kinder verstehen das Prinzip der Punkte sofort und haben
auch keine moralischen Bedenken (im Gegensatz zu manchen
Erwachsenen). Sie arbeiten sehr gerne mit Tokens. Auf Elternabenden und auf Lehrerfortbildungen diskutiert man den Einsatz von Tokens unter Umständen heftig. Immer wieder kommen Fragen wie: »Was sagen die anderen Kinder?«, und so
mancher denkt bei sich: »Soll wirklich gerade das unter meinen
Kindern eine Belohnung bekommen, das am meisten Probleme
macht?«

Eltern haben gelegentlich Bedenken, ihre Kinder materiell
zu belohnen, wenn sie etwas gut machen. Allerdings kaufen die
meisten Eltern ihren Kindern »zwischendurch« häufig etwas.
Sie geben dafür relativ viel Geld aus.

Materielle Verstärker wirken immer, und zwar sprechen sie

besonders gut die unruhigen, ungesteuerten Kinder an. Eltern und Lehrkräfte sollten jedoch nur dann mit Tokens arbeiten, wenn sie diese Methode auch persönlich akzeptieren können.

Vorgehen

Was soll trainiert werden? Zunächst wird **eine** Verhaltensweise ausgesucht, die das Kind aufbauen soll.

Eine solche Verhaltensweise muss:
- sinnvoll sein,
- jeden Tag mehrfach auftreten,
- klar, präzise und positiv formulierbar sein.

Erwachsene und Kind überlegen gemeinsam, welches Verhalten trainiert werden soll. Man trainiert jeweils nur eine Verhaltensweise, nicht mehrere gleichzeitig, sonst besteht die Gefahr, sich zu verzetteln.

»Ich spiele friedlich mit meinem kleinen Bruder« ist eine geeignete Verhaltensweise. Sie tritt mehrmals am Tag auf. »Ich bekomme an Weihnachten keinen Wutanfall« ist keine geeignete Verhaltensweise, weil sie nur einmal im Jahr gefordert ist. Besonders wichtig ist, das Verhaltensziel positiv zu formulieren. »Nicht«-Sätze sind ungünstig, weil sie benennen, was das Kind unterlassen soll, nicht aber das, was es eigentlich tun soll. »Ich bekomme keinen Wutanfall, wenn etwas schief geht« heißt besser formuliert »Ich bleibe ruhig, wenn etwas schief geht« oder »Wenn ich merke, dass ich mich sehr aufrege, gehe ich in mein Zimmer«.

Beispiele für Verhaltensweisen, die sich zu Hause oder in der Schule mit einem Punkteplan trainieren lassen:
- Ich spiele ruhig mit meinem Bruder.
- Ich frage höflich, wenn ich etwas haben möchte.
- Wenn ich mich sehr aufrege, verlasse ich den Raum.
- In der Pause fasse ich kein anderes Kind an.
- Ich rede freundlich mit meiner Mutter.

Eine Grundrate feststellen

Zunächst beobachtet man, wie häufig ein Kind ein bestimmtes Verhalten zeigt. Man nennt dies auch »eine Grundrate erheben«.

- Wie oft hat es Streit mit seinen Geschwistern? Wie lange kann es ruhig mit ihnen spielen?
- Wie oft nimmt es anderen etwas weg?
- Wie oft an einem Tag rastet das Kind aus?
- Wie oft ist es in Pausenprügeleien verwickelt?
- Wie oft wird es seinen Eltern gegenüber ausfällig?

Hieraus leitet man ein sinnvolles Trainingsziel ab, also etwas, das man dem Kind tatsächlich zumuten kann. Wenn sich ein Kind täglich mit seinen Geschwistern streitet und nur zehn Minuten friedlich mit dem kleinen Bruder spielen kann, bevor Streit ausbricht, formuliert man zum Beispiel: »Ich spiele ruhig mit meinem Bruder. In der ersten Woche versuche ich, zehn Minuten ohne Streit mit ihm zu spielen.«

Man wählt das Trainingsziel so, dass Kinder es tatsächlich erreichen können. Beim ersten Mal sollte es relativ einfach für das Kind sein, einen Preis zu bekommen; wenn das Kind weiß, wie das System funktioniert, sollte das Verhaltensziel immer ein kleines bisschen über dem liegen, was das Kind bereits leisten kann.

Vor allem bei kleineren Kindern gibt man für ein erwünschtes Verhalten nie nur einen Punkt, sondern mehrere Punkte.

Frau S. hatte schon geglaubt, dass die Brüder Marcel (8) und Nico (5) niemals miteinander auskommen würden. Seit Nicos Geburt ist Marcel eifersüchtig und manchmal richtig boshaft zu seinem kleinen Bruder. Die beiden sind eigentlich nur beim Fernsehen ruhig; wenn sie sich gemeinsam beschäftigen sollen, herrscht innerhalb weniger Minuten Mord und Totschlag. Seit einem Monat hängen nun am Kühlschrank zwei Punktepläne. Wenn Marcel und Nico es schaffen, eine Viertelstunde ruhig gemeinsam zu spielen, darf sich jeder der beiden fünf Punkte aufmalen. Diese Punkte können sie dann gegen bestimmte Fernsehsendungen eintauschen, die beide gerne sehen. Marcel, der die Uhr lesen kann, rechnet immer aus, wie viele Punkte er sich an einem Nachmittag verdient hat. Das System funktioniert so gut, dass Frau S. ab nächster Woche den Zeitraum verlängern will. Dann wird es für 25 Minuten ruhiges Spielen sieben Punkte geben.

Wie funktioniert ein Verstärkerplan in der Praxis?

Der Plan, in den das Kind seine Punkte einträgt, sollte ansprechend gestaltet sein. Es kann ein Bild sein, auf dem sich kleine Symbole befinden, in die man die Punkte einmalen kann: zum Beispiel eine Schlange oder ein Blumenstrauß, ein Auto etc. Beliebt sind Motive auf buntem Papier, bei denen die einzelnen Punkte ausgemalt werden können (etwa eine Punkteschlange). Man kann auch das Kind seine Punkte auf ein weißes Blatt stempeln lassen – dabei ist schon das Stempeln selbst eine Belohnung. Ein Verstärkerplan sollte mindestens DIN-A3-Format haben.

Auf den Punkteplan wird in einem kurzen Satz das Verhaltensziel geschrieben (beispielsweise: »Wenn ich mich sehr aufrege, verlasse ich den Raum, bis ich wieder ruhig bin«). Darüber steht der Name des Kindes, das trainiert. Es empfiehlt sich, den Plan aufzuhängen, damit das Kind jederzeit einen Überblick über seinen Punktestand hat.

Wie bespricht man ein solches Training mit Punkteplan mit dem Kind? Wichtig ist, den Punkteplan in einer ruhigen Phase zu erklären – nicht gerade dann, wenn das Problemverhalten auftritt. Man spricht freundlich, sachlich und vermeidet eine »Moralpredigt«. Als Belohnung wählt man etwas, das sich das Kind sehr wünscht, oder eine Aktivität, die ihm großen Spaß macht – nichts Alltägliches, was es sowieso haben könnte.

Dazu folgendes Protokoll aus einem Gespräch mit dem 9-jährigen René:

Mutter: *Wir hatten in der letzten Zeit häufig Schwierigkeiten miteinander, besonders, weil du oft ausgerastet bist, wenn etwas schief gegangen war. Du hast dann oft geschrien und nach uns anderen getreten. Wir haben uns dann sehr aufgeregt und mit dir geschimpft. Lass es uns ab heute einmal anders probieren. Ich habe dir diesen Verstärkerplan mitgebracht. Es ist ein Trainingsposter. Wir überlegen gemeinsam, was sich verändern soll und was du trainieren kannst, damit es besser klappt. Woran merkst du denn, wann es so weit ist – wann es so schlimm für dich wird, dass du ausrastest?*

René: *Dann kribbelt es in meinem Bauch und in den Beinen, und es fühlt sich so an, als ob ich gleich losbrüllen müsste.*

Mutter: *Was könntest du machen, wenn du merkst, dass es anfängt zu kribbeln?*

René: *Ich könnte versuchen ruhig zu werden. – Wie schaffst du das am besten? – Ich muss mich dann bewegen.*

Mutter: *Gut. Dann trainierst du, wenn du dich aufregst, rauszugehen und eine Runde im Hof zu rennen. Bist du damit einverstanden?*

Wenn wir also beim Abendessen sitzen und du merkst, dass irgendwas dich so verärgert, dann kannst du aufstehen und draußen rennen. Wenn du es geschafft hast, wieder ruhig zu werden, kannst du zurückkommen, und alles ist in Ordnung. Außerdem kannst du auf deinem Plan fünf Punkte ausfüllen. Diese Punkte kannst du sammeln und dann gegen einen Preis eintauschen – für 50 Punkte gehen wir einmal ins Kino.

Jetzt notierst du bitte auf dem Poster: »Wenn ich mich aufrege, gehe ich nach draußen und beruhige mich.«

Nun unterschreiben wir beide die Vereinbarung und bestätigen durch unsere Unterschrift, dass sich jeder von uns an die Vereinbarung hält. Du beruhigst dich im Hof, und ich sorge dafür, dass du für deine Punkte auch die von dir gewünschte Belohnung erhältst. Hast du noch Fragen?

Anschließend wird mit den Geschwistern besprochen, dass René ein Training macht. Die beiden älteren Schwestern finden, es sei eine gute Idee, die Ausraster beim Essen zu reduzieren, und sind bereit, René dabei zu helfen.

Das Anti-Wut-Training in der Schule: ein Beispiel

Denny ist ein farbiger Junge. Während der Pause rastet er oft auf dem Schulhof aus. Wenn er sich über etwas richtig geärgert hat, es kann auch nur eine Kleinigkeit sein, rennt er quer über den Schulhof, klettert die Dachrinne empor und setzt sich auf das Dach des zweistöckigen Schulgebäudes. Er ist dann nicht zu bewegen, wieder herunterzukommen. Durch Rufen, Bitten und Drohen lässt er sich nicht bewegen, das Dach zu verlassen. Für die Aufsicht führende Lehrkraft ist dies eine furchtbare Situation, da sie immer befürchten muss, dass er herunterfällt und man sie verantwortlich macht.

Sein Trainingskonzept sieht folgendermaßen aus: Zunächst wird mit ihm geübt, auf das Signal »Stopp!« zu reagieren. Wenn seine Lehrerin »Stopp!« sagt, hat er alles stehen und liegen zu lassen, die Hände frei zu machen und einfach stehen zu bleiben. Dies probiert sie mehrfach aus und trainiert ihm das Signal systematisch an. Sie ruft »Stopp!«, er bleibt stehen und lässt unter Umständen ein Buch fallen, das er gerade in der Hand hat. Zu einer besonderen Situation kommt es, als sie ihn einmal auf dem Flur trifft und er ein Tablett mit mehreren Tassen und einer Kanne trägt. Sie ruft aus der Entfernung »Stopp!«, und der Junge lässt tatsächlich das Tablett fallen, die Tassen zerbrechen, und auch die Kanne wird beschädigt.

Für die richtige Reaktion wird er regelmäßig belohnt: Er wird gelobt und erhält auch jedes Mal, wenn er das Signal beachtet hat, Punkte. Dann kommt die Ernstsituation: Denny hat sich wieder auf dem Schulhof aufgeregt und, wie zu erwarten war, bekommt einen Wutanfall. Denny regt sich auf und rast schon zielsicher auf die Regenrinne zu, um auf das Dach zu klettern. Wie immer in solchen Situationen führt gerade seine ihm vertraute Klassenlehrerin nicht die Aufsicht, sondern eine Kollegin. Auch sie weiß von dem Training. Sie ruft »Stopp!«, und der Junge bleibt stehen. Dann ruft sie »Komm her!«, aber zu ihr kommt er nicht. Er bleibt nur stehen, unterbricht seinen Wutanfall und ist dann noch eine Zeit lang schlechter Laune. Als er sich beruhigt hat, wird er von der Aufsicht führenden Lehrerin und seiner Klassenlehrerin sehr gelobt und belohnt. Von diesem Zeitpunkt an klettert Denny nicht mehr auf das Dach der Schule.

Materielle Verstärker

Besonders reizvoll ist der Einsatz der »goldenen Kiste«. Sie ist eine Art Schatztruhe. Sie ist verschlossen und enthält immer Begehrenswertes. Befinden sich die Belohnungen in einer verschlossenen Kiste, kann man beispielsweise vereinbaren, dass die Kinder nach fünf Punkten einen Blick in die Kiste werfen dürfen. Es darf aber nicht darin gewühlt werden. Nach weiteren fünf Punkten dürfen sie sich einen Gegenstand namentlich reservieren lassen. Hat das Kind genügend Punkte zusammen, kann es sich seinen Preis nehmen.

Als materielle Verstärker eignen sich besonders Dinge, die ein Kinderherz begehrt. Es sind meistens Artikel, die bei den Erwachsenen nicht annähernd so viel Begeisterung auslösen.

Attraktive Preise sind, je nach Alter der Kinder: Wasserpistolen, Aufkleber, Scherzartikel, Schleim, Mützen, Taschenlampen, elektronische Spielsachen, Fanartikel von Fußballmannschaften, Jojos, Bälle, Flummis etc.

Weniger beliebt ist so genanntes »pädagogisches Spielzeug«. Auch Bücher werden nur selten gewählt. Süßigkeiten eignen sich nicht, da schnell ein Sättigungseffekt eintritt.

Soziale Verstärker

Gerade in der Familie gibt es viele Möglichkeiten, andere Arten von Belohnung mit dem Kind zu vereinbaren. Dabei kommen vor allem gemeinsame Aktivitäten in Frage, beispielsweise ein gemeinsamer Ausflug am Wochenende, ein Spieleabend, ein Nachmittag ohne häusliche Pflichten, eine Stunde »exklusiv« mit einem Elternteil, eine Gute-Nacht-Geschichte...

Kleinere Belohnungen wären: Das Kind darf aussuchen, welchen Nachtisch es gibt, darf sich um das Haustier kümmern, bekommt ein Frühstück in seinem Zimmer ...

Auswirkungen

Das Kind erhält durch einen Verstärkerplan viel positive Zuwendung. Die entnervenden Ermahnungen haben ein Ende. Das Kind erlebt: »Ich kann etwas, ich mache etwas richtig. Meine Eltern sind mit mir zufrieden.«

Auch die Eltern sehen das Kind in einem positiveren Licht. Es fällt ihnen jetzt viel leichter, auch einmal ein Lob auszusprechen. Sie finden einen neuen Zugang zu dem Kind und sind ermutigt, sich für das Kind einzusetzen. Ihre Bemühungen werden von dem Kind registriert. Es verhält sich jetzt auch in anderen Bereichen so, dass es von seinen Eltern gelobt werden kann. Befürchtungen, Kinder würden nur dann etwas tun, wenn sie dafür »bezahlt« werden, haben sich im Rahmen solcher Trainings als unbegründet herausgestellt, insbesondere, wenn die Kinder für das, was sie gut machen, durch Lob verstärkt werden. Auf die Frage von Kindern: »Kriege ich dafür Punkte?«, genügt meist die Antwort, dass man auch mal etwas ohne Punkte machen muss.

Mögliche Probleme mit dem Verstärkerplan

Das Training mit dem Verstärkerplan funktioniert nicht, wenn:

- die Aufgabe zu schwer,
- das Trainingsziel zu hoch,
- die Preise unattraktiv oder nicht verfügbar sind,
- klare Vereinbarungen verwässert werden,
- aus dem Belohnungssystem ein Bestrafungsinstrument gemacht wird,
- andere Verstärker (etwa das Gelächter der Geschwister) besser wirken,
- beim Kind Störungen vorliegen, die besser durch eine Psychotherapie behandelt werden.

Zu schwere Aufgaben

Burak (8) hat Schwierigkeiten auf dem Schulweg. Fast täglich ist er in Prügeleien verwickelt, meist noch auf dem Schulhof, aber oft auch im Bus, weil er andere Kinder provoziert. Nun soll er trainieren, ohne Schwierigkeiten nach Hause zu kommen. Er erhält einen Verstärkerplan. Für jede Woche, in der keine Prügelei stattgefunden hat, erhält er einen Punkt. Burak strengt sich an den ersten beiden Tagen sehr an, aber schon am dritten Tag kommt es zu einer Rangelei. Entsprechend der Vereinbarung erhält er für diese Woche keinen Punkt, obwohl auch seine Eltern sehen konnten, dass er sich angestrengt hat. In der kommenden Woche ist wieder alles beim Alten. Die Mutter ist enttäuscht, weil die Methode des Verstärkerplans nicht funktioniert.

Wenn das Kind die Aufgabe nicht bewältigt, lässt es in seinen Anstrengungen schnell wieder nach. Gerade Kinder mit Verhaltensproblemen haben ein geringes Selbstbewusstsein. Sie denken: »Das schaffe ich sowieso nicht«, oder sie sind der Auffassung: »Wahrscheinlich bekomme ich die Belohnung sowieso nicht. Es ist eine der Versprechungen, an die sich Erwachsenen später nicht mehr erinnern. Warum strenge ich mich überhaupt an?« Solche irrationalen, unvernünftigen Gedanken sind für verhaltensauffällige Kinder nicht ungewöhnlich. Ihr Alltag besteht aus vielen Misserfolgen, Enttäuschungen und Frustrationen.

In der Regel ist es sinnvoller, mit den Kindern in kleinen Schritten zu trainieren. So könnte Burak zu Beginn des Trainings schon dann Punkte erhalten, wenn er *eine* Strecke des Schulwegs friedlich schafft. So erreicht er das gewünschte Ziel schrittweise: Zunächst erhält er für jede Strecke ohne Prügelei einen Punkt. Beherrscht er dies, wird der Zeitraum auf einen ganzen Tag verlängert – allerdings für eine Belohnung von fünf Punkten. Wenn er es schafft, drei Tage ohne Konflikte nach Hause zu kommen, bekommt er beispielsweise zwanzig Punkte. Die Zeitspanne erhöht sich im Rahmen der Möglichkeiten des Kindes.

Unattraktive Preise

Vor allem kleinere Kinder überprüfen, ob sie die versprochenen kleinen Preise auch tatsächlich erhalten. Sie sind nicht ganz sicher, ob sich die Eltern auch an die Abmachungen halten. Sobald sie genügend Punkte haben, wollen sie etwas dafür eintauschen. Wenn dann die Preise nicht verfügbar sind, kommt es zu den ersten Schwierigkeiten.

Auch wenn die Preise nicht attraktiv sind, sind die Kinder nicht bereit zu trainieren.

Belohnung wird zur Bestrafung

Bei der Familie F. soll es bei den Mahlzeiten »gesittet« zugehen. Die drei Töchter sollen nicht schreien, höflich miteinander umgehen und am Tisch sitzen bleiben, bis alle fertig sind. Die Eltern vereinbaren mit den Kindern folgendes System: Jedes Mädchen erhält fünf Punkte, die es am Schluss der Woche gegen eine Stunde Computerspiel oder eine andere Belohnung eintauschen kann. Hält es jedoch bei einem Essen die Vereinbarung nicht, verliert es einen Punkt.

Vera (8) gelingt es am Montag und am Dienstag, die Regeln einzuhalten. Am Mittwoch hat sie einen schlechten Tag, und es unterläuft ihr, dass sie beim Frühstück ihrer älteren Schwester die Cornflakes wegnimmt. Abends schimpft sie laut mit der Kleinsten. Dadurch verliert sie zwei Punkte. Die mühsam am Montag und Dienstag erreichten Punkte sind am dritten Tag schon wieder verloren.

Vera hat diese Woche gar nicht mehr die Chance, fünf Punkte zu erreichen. »Jetzt ist es ja auch egal«, denkt sie sich am Donnerstag und benimmt sich bei allen restlichen Mahlzeiten wie die sprichwörtliche Axt im Walde.

Diese Form von Verstärkung – *response cost* – ist gerade bei kleineren Kindern eher problematisch. Punkte, die sie sich einmal verdient haben, sollen ihnen auch erhalten bleiben. Nimmt man sie ihnen wieder weg, wird ihre Motivation in kürzester Zeit auf den Nullpunkt sinken, und sie werden sich nicht mehr an die vereinbarten Regeln halten.

Die Bestrafung

Es wäre wunderbar, wenn man nur mit positiven Techniken arbeiten könnte. Aber dies ist leider unmöglich. Bestrafung grundsätzlich gilt weder als gut noch als schlecht. Wichtig ist allein, dass sie effektiv ist. Bestrafung lehrt das Kind, was es nicht tun soll, aber sie lehrt es nicht, was es tun soll.

Wenn Sie im Umgang mit dem Kind über Lob und Belohnung einen positiven, freundlichen Grundton aufrechterhalten, hat Schimpfen bzw. eine Strafe natürlich einen viel größeren Effekt, weil sie eher die Ausnahme ist. Wenn Bestrafung zu häufig eingesetzt wird, verliert sie ihre Effizienz.

Für Eltern ist wichtig:
• Bestrafen Sie eher selten.

- Kombinieren Sie den Strafreiz mit einer positiven Technik.
- Schieben Sie Bestrafung nicht auf (»Warte nur, wenn dein Vater heimkommt …«).
- Erklären Sie immer wieder die Konsequenzen.
- Strafe muss berechenbar sein, kein zufälliges Produkt.
- Die Strafe sollte angemessen sein und etwas mit dem falschen Verhalten zu tun haben (Wiedergutmachung).
- Machen Sie keine leeren Drohungen.
- Wenn Sie körperlich bestrafen, tun Sie dies kurz und kontrolliert.
- Bei kleineren Kindern genügt es als Strafreiz, ihre Hände festzuhalten.
- Seien Sie nicht nachtragend. Nach der Strafe sollte das Kind das Gefühl haben, dass alles wieder in Ordnung ist – dass es jetzt wieder bei Null anfangen kann.
- Geben Sie dem Kind die Möglichkeit, auch wieder gutes Verhalten zu praktizieren.

Die Auszeitmethode

Zu ihrem vierten Geburtstag haben die Zwillinge Dennis und Dominic von Frau M. eine Playmobil-Burg geschenkt bekommen. Dominic – der wildere der beiden – beginnt schon nach wenigen Minuten Spiel, einzelne Figuren auf den Boden zu werfen und mit dem Fuß darauf zu treten, weil er sich über irgendetwas geärgert hat. Dennis versucht, Dominic daran zu hindern, und binnen Sekunden rollen die beiden ineinander verkrallt über den Teppich. Frau M. greift ein und trennt ihre Söhne voneinander und beruhigt sie. Dann erklärt sie Dominic, dass er die Figuren nicht auf den Boden werfen darf. Wenn er es trotzdem weiterhin tut, bekommt er ein »Time-out«.

Das Time-out oder die Auszeit bedeutet, dass ein Kind von dem Ort entfernt wird, an dem es sich gerade befindet. Das heißt auch, dass es ausgeschlossen ist von jeder Art der Beachtung. Es erhält während einer Auszeit keinerlei Zuwendung.

Die Auszeitmethode ist eine einfache, gut nachvollziehbare Maßnahme, die sich insbesondere im Umgang mit aggressiven und ungesteuerten Kindern bewährt hat. Sie erfordert von den Eltern (oder in der Schule von den Lehrkräften) absolute Konsequenz – deshalb sollten Sie sich vorher gut überlegen, ob Sie diese Methode einsetzen wollen und können.

Bei kleinen Kindern hat die Auszeit vor allem die Funktion, schnell und einfach eine Situation zu unterbrechen, die gerade schwierig ist. Zusätzlich bietet die Auszeit aber auch die Möglichkeit, sich zu beruhigen – sowohl für das Kind als auch für Sie selbst. Besonders ältere Kinder machen gezielt davon Gebrauch, wenn sie sich »abregen« müssen.

Die Auszeit darf nicht dazu dienen, Verantwortlichkeiten zu vermeiden. Nach der Auszeit hat das Kind die geforderte Anforderung auszuführen oder das gewünschte Verhalten zu zeigen. Dann sollte es aber sehr gelobt werden.

Diese Methode lässt sich sehr gut bei Kindern im Alter von zwei bis zwölf Jahren einsetzen. Aber auch bei Älteren kann sie, angepasst an die Altersstufe, benutzt werden.

Bei der Auszeit geht man folgendermaßen vor:

1. Wählen Sie den Ort für die Auszeit sorgfältig aus.
2. Erklären Sie dem Kind die Regeln für die Auszeit.
3. Geben Sie eine Zeitbegrenzung für die Auszeit (grob über den Daumen: pro Lebensjahr eine Minute).
4. Bei Widerstand fügen Sie Minuten hinzu.
5. Bei sehr starkem Widerstand wird ein zusätzlicher Strafreiz eingesetzt (ein Privileg wird gestrichen, Lieblingsspielzeug weggenommen usw.).
6. Man benutzt einen Küchenwecker: Wenn er klingelt, ist die Auszeit um; nicht vorher.

Der Auszeit-Ort

Wählen Sie den Ort für die Auszeit sorgfältig aus. Es sollte ein möglichst langweiliger Ort sein, an dem das Kind nichts anstellen kann (etwa in der Wut etwas zerstören) und Gelegenheit hat, sich zu beruhigen. Der Wohnungsflur oder ein wenig benutzter Raum wären solche Orte. Das eigene Zimmer des Kindes ist in der Regel nicht gut geeignet, da es dort zu viel Interessantes gibt. Es ist insbesondere darauf zu achten, dass keine Möglichkeit besteht, sich abzulenken (Computerspiele, Gameboy etc.). Wenn das Kind sich seine Auszeit selbst nimmt, um sich zu beruhigen, ist es unter Umständen günstig, wenn es sich bewegen kann.

Ist es räumlich nicht möglich, die Auszeit in einem separaten Raum zu praktizieren, kann man sie auch im gleichen Raum durchführen. Das Kind kommt dann auf einen »Auszeit-Stuhl« oder einen ähnlichen Platz. Hier ist es notwendig, das Kind völlig zu ignorieren, solange das Time-out dauert.

Durchschaubare Regeln

Die Regeln für die Auszeit sind einfach, auch kleinere Kinder können sie verstehen. Sie sollten in einer ruhigen Minute mit dem Kind besprochen werden – nicht dann, wenn es bereits Streit gibt. Es ist außerdem wichtig, dass man die Regeln nicht ohne Absprache ändert. Wenn sich das Kind nicht darauf verlassen kann, dass die Regeln immer dieselben sind, wird es die Auszeit nicht akzeptieren.

Zunächst erklärt man dem Kind die Regel. Sie muss so formuliert sein, dass das Kind genau weiß, was es tun soll. Eine Regel könnte etwa lauten: »Keine Schimpfwörter!« Schafft es ein Kind nicht, diese Regel durchzuhalten, erfolgt das Time-out in vier Stufen. Um nicht allzu viel zu reden und sich selbst zu sehr aufzuregen, gibt man dem Kind ein Signal (mit dem Daumen) oder macht es wie beim Fußball und zeigt gelbe oder rote

Karten. Bei der Ermahnung »eins« und »zwei« passiert noch nichts. Das Kind hat die Chance, sein Verhalten zu verändern. Erst bei »drei« wird es ernster. Das Kind hat noch eine Chance, sich selbst zu steuern. Erst bei »vier« – endgültige rote Karte – wird es bestraft, es erhält jetzt eine Auszeit, ob es will oder nicht.

»Eins« oder »erste gelbe Karte«

...

»Zwei«, zweite gelbe Karte

...

»Drei«, rote Karte

— 1 —

Wenn das Kind Schimpfwörter benutzt, erhält es ein Signal. So kann beispielsweise die Mutter den Daumen hochheben und sagen: »Eins«. Da mit dem Kind bereits besprochen wurde und es weiß, dass dies den Beginn der Auszeit bedeutet, spart man sich jetzt lange Erklärungen und schimpft auch nicht.

— 2 —

Schimpft das Kind trotz der »Eins« wieder, erhält es die »Zwei«. Jetzt weiß es, dass beim nächsten Schimpfen die »Drei« und damit ein Time-out erfolgt.

Die meisten Kinder sind in der Lage, sich nach der »Zwei« zusammenzureißen, insbesondere dann, wenn sie das System kennen. Auch für die Erwachsenen ist dies günstig, weil zwei Ermahnungen sie nicht übermäßig aufregen. Entnervt sind Eltern erst, wenn das Kind zehn- bis zwanzigmal wegen der gleichen Sache ermahnt werden muss. Zwei Ermahnungen lassen sich in der Regel gut ertragen. Zeigt das Kind dann das gewünschte Verhalten, kann man es auch problemlos loben, wenn es etwas gut macht.

Kann sich das Kind nun trotz allem nicht steuern und es erfolgt die »Drei«, so hat es den Raum zu verlassen oder auf den Auszeit-Platz zu gehen. Es soll erst wieder zurück in den Raum kommen, wenn es sich beruhigt hat. Kinder, die sofort wiederkommen, haben sich in der Regel nicht beruhigt. Die meisten Kinder benötigen etwas Zeit, um sich abzuregen und dann das eigene Verhalten erfolgreich regulieren zu können. Wenn das Kind zurückkommt, gibt man keinen weiteren Kommentar – jetzt hat das Kind die Chance, es noch einmal richtig zu machen.

Erhält das Kind nach der Auszeit die vierte Ermahnung, muss es für eine bestimmte Zeit nach draußen bzw. auf den Auszeit-Platz. Lassen Sie sich dabei auf keinerlei Diskussionen ein, schimpfen Sie aber auch nicht mit dem Kind. Geben Sie eine Zeitbegrenzung für die Auszeit (etwa pro Lebensjahr eine Minute). Benutzt Sie einen Küchenwecker: Wenn er klingelt, ist die Auszeit um; nicht vorher.

Nach der Auszeit sollte das Kind die Chance bekommen, es noch einmal zu versuchen. Wenn es wieder in den Raum kommt, sollte daher keinesfalls geschimpft werden.

Probleme mit der Auszeit

Dominic hat sich im Spiel nicht an die Regeln gehalten und eine Playmobil-Figur kaputtgemacht. Die Mutter sagt zu ihm: »Das ist jetzt die Vier. Du gehst jetzt für fünf Minuten ins Arbeitszimmer.« Dominic beginnt zu weinen und schreit: »Ich geh nicht! Du kannst mich nicht zwingen!« Frau M. sagt: »Wenn du dich anstellst, wird es nur noch länger. Jetzt sind es sechs Minuten.« Dominic gerät in Wut und tobt. »Jetzt sind es sieben Minuten.« Bei neun Minuten ruft Dominic auf einmal: »Ich geh ja schon!« Weinend verlässt er den Raum. Als Frau M. ihn nach der Auszeit (sie hat die neun Minuten dann doch etwas abgekürzt) wieder ins Zimmer holt, fragt sie: »Und? Hast du dich beruhigt?« Dominic nickt. Frau M. lächelt: »Dann ist ja gut. Komm, bau mit Dennis das Schiff zusammen!«

Da die allermeisten Kinder gern dabei sein wollen, wenn etwas los ist, empfinden sie die Auszeit als unangenehm und versuchen sie nach Möglichkeit zu vermeiden.

Weigert sich das Kind, den Raum zu verlassen, oder macht es »Theater«, erhöhen Sie die Auszeit. Nützt auch das nichts, wird ein zusätzlicher Strafreiz eingesetzt – »Geh jetzt raus und beruhige dich, sonst darfst du heute Abend keinen Trickfilm schauen« oder »... sonst schließen wir den Gameboy für eine halbe Stunde weg«. Auch hier gilt: Drohen Sie nichts an, was Sie nicht auch durchführen können. Wenn Sie beispielsweise drei Tage Hausarrest verhängen, ist das unter Umständen für Sie selbst eine schlimmere Strafe als für Ihr Kind.

Konsequenz bei der Auszeit

Manchmal passiert es, dass Kinder bei der »Vier« den Raum nicht verlassen wollen. Trotz deutlicher Signale (»eins«, »zwei«, »drei«, »vier«) schaut das Kind Sie an und sagt: »Ich gehe aber nicht!« Obwohl das Time-out mit dem Kind besprochen wurde, ist es nicht bereit, die Regeln zu akzeptieren, und verhält sich entsprechend trotzig. Die Erwachsenen sind jetzt gezwungen zu handeln.

Man wiederholt die Anweisung nochmals kurz und klar: »Verlass jetzt bitte den Raum.« Geht das Kind nicht, ist man gezwungen, es mit »sanftem Druck« vor die Tür zu befördern. Als ungünstig hat sich erwiesen, das Kind von hinten zu umklammern, weil es dann nicht genau weiß, was geschieht, und sich in dieser Position sehr gegen den Griff wehren wird.

Günstiger ist es, das Kind von vorne an den Armen zu fassen und es so vor die Tür zu bringen. Das Kind kann Sie so sehen und hört auch, was Sie sagen. Sie sollten keinesfalls in Panik geraten, besonders ärgerlich werden und vor allem nicht nachgeben. Wenn zwei Erwachsene das Kind »an Armen und Beinen« hinausbringen, wird das Kind sich drehen, schimpfen, treten, mit den Armen herumfuchteln und vielleicht auch noch spucken.

Aus dem Training von ADHS-Kindern weiß man, dass keines dieser Kinder mehr als **viermal** vor die Tür gebracht werden musste. Dann haben sie akzeptiert, dass eine Auszeit in dieser Form stattfindet.

Natürlich hat die Verweigerung des Kindes auch mit den Erwachsenen zu tun, die die Auszeit geben. Es kann durchaus sein, dass sie beim Praktizieren des Time-outs nicht immer ganz konsequent waren. Da die Verweigerungen vor allem bei kleineren Kindern (bis etwa acht Jahre) auftreten, spricht vieles für diese Möglichkeit.

Hat die Mutter beispielsweise beim Essen schon die »Eins« und die »Zwei« gegeben und wäre jetzt eigentlich die »Drei« fällig, denkt sie vielleicht, dass es in wenigen Minuten den Nachtisch gibt und dass das Kind, wenn sie es jetzt vor die Tür schickt, den Pudding verpasst. Also gibt sie vorsichtshalber eine »Zweieinhalb«.

Leider aber lernt das Kind auch dabei, dass »Drei« nicht immer »Drei« ist. Es macht die Erfahrung, dass bei seiner Mutter »noch etwas drin ist«, und nutzt dies aus.

Die Auszeitmethode in der Schule

Auch in der Schule kann das Time-out angewendet werden. Soll dies für ein bestimmtes Kind geschehen, so sollte das mit allen Lehrkräften abgesprochen werden.

Grundsätzlich gilt die Auszeit nicht für alle Kinder in der Klasse. Sie wird nur für Kinder angewendet, die sehr stark dazu neigen, den Unterrichtsablauf zu stören: Kinder, die häufig dazwischensprechen, in der Klasse herumlaufen, unterschiedlichste Geräusche auf ihrem Platz machen etc., sodass insgesamt der Unterricht nicht in Ruhe und geordnet erfolgen kann.

Bei der Auszeit in der Schule verlässt das Kind die Klasse; erhält es die »Vier«, bleibt es bis zum Ende der Stunde draußen. Wenn das Kind weiß, dass immer wieder etwas Interessantes im Unterricht passiert (bevorzugt in den letzten zehn Minuten), wird es versuchen, die »Vier« nach Möglichkeit zu vermeiden.

Nach der Auszeit: Viermal loben

Eine ganze Reihe von Eltern und Lehrkräften praktiziert die Auszeit vernünftig und konsequent. Trotzdem funktioniert die Methode nicht zufrieden stellend. Natürlich ist es wichtig, konsequent zu sein und nicht nachzugeben, aber es gehört auch dazu, nach dem Time-out besonders intensiv auf die positiven Verhaltensweisen des Kindes zu achten.

Erst wenn man auch emotional in der Lage ist, das Kind für Positives angemessen zu loben, wird die Auszeitmethode gut funktionieren.

Die amerikanische Kinderpsychologin Virginia Satir hat dies so zusammengefasst: »Wenn du dein Kind bestraft hast, musst du es viermal von Herzen loben.« Für die Auszeitmethode bedeutet dies, dass nach der Auszeit das Kind von demselben Erwachsenen viermal gelobt werden soll. Das Kind erfährt so, dass es auch nach dem Fehlverhalten noch akzeptiert wird. Wenn es erlebt, dass ihm niemand dauerhaft böse ist, wird es sich bemühen, positive Verhaltensweisen zu praktizieren.

André besucht die fünfte Klasse. Er ist ein sehr impulsiver und motorisch unruhiger Junge. Manchmal gelingt es ihm nicht, die notwen-

dige Ruhe zu finden. Sein Klassenlehrer ist deswegen gezwungen, bei ihm die Auszeitmethode anzuwenden.

Aufgrund seines Temperamentes passiert es André, dass er trotz aller Versuche manchmal mehr als zwei Ermahnungen bekommt und doch vor die Tür muss. Kommt er dann wieder zurück, bemüht er sich. Sein Verhalten, seine Versuche, sich in die Klasse zu integrieren, und auch seine Bemühungen um den Unterrichtsstoff werden vom Lehrer ausdrücklich gelobt. Er wendet sich zu André und sagt: »So machst du das jetzt gut!« André ist damit zufrieden und kann problemlos akzeptieren, wenn er vor die Tür muss. Er ist außerordentlich hilfsbereit und manchmal sagt er zu seinem Lehrer: »Wie schön, dass wir so gut zusammenarbeiten.«

Nützliche Rituale: Dem Kind zuhören und miteinander sprechen

Als Nina (11) ihre neue Freundin Katharina C. (12) fragt, ob sie sich am Donnerstagnachmittag zum Eisessen treffen wollen, schüttelt Katharina den Kopf. »Da haben wir Rat, das geht nicht. Ab halb vier kann ich wieder.« – »Rat? Was ist denn das?« Nina ist erstaunt. »Och, wir machen da Familienrat. Du kannst ja nach der Schule mitkommen, und dann gehen wir nach dem Rat in die Stadt.« Katharina ist die jüngste von vier Schwestern, die alle noch zu Hause wohnen; Frau C. ist allein erziehend. Als Nina nach der Schule bei C.s eintrifft, gibt es zunächst Mittagessen. Dann räumen die Töchter den Tisch ab, Wasser wird aufgesetzt, und jede holt sich eine Tasse für Tee. Auch Nina als Gast bekommt eine. Alle versammeln sich um den runden Esstisch, und dann eröffnet Frau C. den Rat: »Also, was gibt's?« Eine Menge: Katharina will nicht die Einzige sein, die immer die Straße kehrt, Sanna, die älteste, beschwert sich, dass jemand an ihrem Schreibtisch war, und Frau C. möchte für die Zukunft eine neue Regelung für die Handwäsche. Eine Stunde lang wird diskutiert, auch mal etwas lauter, und im breitesten Dialekt. Nina hört fasziniert zu. Am Ende des Rates fragt Frau C.: »Alles in Butter?« Die Töchter nicken, trinken dann ihren Tee aus und räumen ab.

Später fragt Nina Katharina aus. Katharina erzählt: Der Rat findet jede Woche statt, seit sie sich erinnern kann. Es ist völlig selbstverständlich, dass an den Donnerstagmittagen alle daheim sind – es gibt zwar immer mal wieder Diskussionen über den Termin, aber alle C.s haben das Gefühl, dass es nützlich ist, sich einmal pro Woche zusammenzusetzen. Nina überlegt. Bei ihr zu Hause wird sich nicht sehr oft gestritten. Sie kann sich aber auch kaum noch daran erinnern, wann die Familie das letzte Mal so richtig zusammengesessen hat, ohne Besuch oder eine Feier oder ohne dass der Fernseher lief ...

Eltern, die wissen möchten, was ihr Kind macht und wie es ihm geht, müssen mit ihm kommunizieren. Wenn Sie mit dem kleinen Kind regelmäßig reden, ist die Wahrscheinlichkeit größer, dass Sie auch mit dem Jugendlichen im Gespräch bleiben. Nicht jedes Kind erzählt gern oder viel von sich, und die meisten Kinder haben »verschwiegene Phasen« – dennoch sollte jedes Kind regelmäßig Gelegenheit haben, mit einem Erwachsenen zu sprechen.

Sprechen bedeutet hier nicht alles. Viele Eltern neigen dazu, die gleiche Sache immer wieder und immer wieder zu sagen, nur immer lauter. Dies führt dazu, dass Reden keinerlei Konsequenz mehr hat. Günstiger ist es, ruhig zu sprechen, aber konsequent zu sein. Dabei gilt die Regel: Bei jüngeren Kindern mehr »Steuerung« – bei älteren Kindern mehr »Kommunikation«.

• Nehmen Sie sich Zeit zuzuhören: Auch wenn es manchmal schwer ist, finden sich ein paar Minuten. Kommunizieren Sie regelmäßig mit dem Kind, auch wenn es nur fünf Minuten vor dem Schlafengehen sind. Am günstigsten ist es, wenn die Familie eine gemeinsame Mahlzeit hat. Hier ist die minimale Anforderung: Ein Kind sollte einmal am Tag mit einem Erwachsenen zusammen essen. Der Fernseher ist dabei ein absoluter Gesprächstöter und sollte daher abgeschaltet bleiben.

- Wenn Sie im Moment keine Zeit haben, legen Sie einen Termin fest, wann Sie mit dem Kind sprechen werden (bei kleineren Kindern ist es besser, sofort mit ihnen zu reden). Auf diesen Termin sollte sich das Kind verlassen können – verschieben Sie ihn nicht.
- Das Kind sollte immer die Möglichkeit haben, mit jedem Elternteil oder jeder Bezugsperson allein zu sprechen.
- Beim Sprechen schenkt man dem Kind die ungeteilte Aufmerksamkeit. Man lässt dann das Kind erzählen. Erwachsene haben die Tendenz, sofort Lösungen vorzuschlagen, Rat anzubieten und dem Kind einen Vortrag zu halten. Widerstehen Sie diesen Versuchungen. Es ist günstiger, nur zuzuhören.
- Auf keinen Fall ist ein Gespräch ein Verhör. Spricht das Kind über kritische Themen in seinem Leben, zeigen Sie Sympathie – aber geben Sie nicht unbedingt einen Kommentar ab.

Wie man mit einem Kind spricht

1. Nehmen Sie Blickkontakt auf.
2. Sprechen Sie ruhig, aber bestimmt.
3. Vermeiden Sie »Fragen«, wenn Sie »Aussagen« machen wollen. Falsch wäre: »Wie wäre es mit Aufräumen?« (Antwort des Kindes: »Jetzt nicht.«), »Wollen wir jetzt abwaschen?« (Antwort des Kindes: »Nein. Ich will erst noch die Fernsehserie sehen.«)

4. Formulieren Sie sehr einfach.

In verschiedenen Familien gibt es unterschiedliche Gesprächs-gewohnheiten. Wenn Eltern nicht viel Zeit für ihre Kinder haben, kommt oft auch das Reden zu kurz. Hier können bestimmte Rituale eine Hilfe sein.

Die Gute-Nacht-Geschichte

Bei unseren Ferienlagern auf Sylt gibt es vor dem Zubettgehen eine Gute-Nacht-Geschichte. In jedes Zimmer, in denen jeweils vier bis sechs Kinder schlafen, geht dann ein Betreuer oder eine Betreuerin und erzählt etwas. Die Geschichten dauern jeweils etwa zehn bis zwölf Minuten und werden beim Licht einer Kerze oder einer kleinen Taschenlampe erzählt. Besonders hoch im Kurs stehen Gruselgeschichten, aber auch Abenteuer und romantische Geschichten werden gern gehört.

Neue Betreuerinnen und Betreuer sind oft zunächst etwas befremdet, dass bei teilweise über Zwölfjährigen Geschichten erzählt werden sollen. Sie haben auch oft Bedenken, dass sie nicht sehr gut erzählen können oder dass die Kinder ihnen nicht zuhören. Meist kommen die BetreuerInnen aber nach ihrer ersten Geschichte aus dem Zimmer und sind angenehm überrascht, wie aufmerksam ihr Publikum war.

Kinder lieben Geschichten, meist mögen sie die mündlich erzählten lieber als solche, die vorgelesen oder von einer Kassette vorgespielt werden. Ungeübte Erzähler und Erzählerinnen können sich vorher Geschichten anlesen und diese dann erzählen. Bei kleinen Kindern ist das Vorlesen unter Umständen günstiger, weil sie oft auf dem genauen Wortlaut bestehen.

Bei Gruselgeschichten ist es wichtig, die Erwartungen der Kinder nicht übermäßig zu erfüllen. Gerade kleinere Kinder – unter diesen vor allem die unruhigen und schwierigen – überschätzen gern, was sie vertragen können. Daher ist es nötig, die

Geschichten aufzulösen – dass es etwa eine alte Frau mit Schlafstörungen ist, die man nachts auf dem Waldweg sieht, oder ein Tier, das die seltsamen Geräusche auf dem Dachboden macht. Am Ende der Geschichte kommt meist die Frage, ob sie echt oder ausgedacht ist – die Auskunft, dass man sich die Geschichte beim Mittagessen überlegt habe, ist dann sehr beruhigend.

Das Erzählen von Geschichten hat zweifache Funktion: Zum einen ist es ein Ritual vor dem Einschlafen, das den Tag beschließt. Zum anderen ist es für Kinder eine positive Erfahrung, dass sich jemand die Mühe macht und sich extra für sie etwas ausdenkt.

Der Betreuerin H. gehen allmählich die Gruselgeschichten aus. Also hat sie für heute Abend angekündigt, dass es eine Briefkastengeschichte geben wird: Jedes Kind im Zimmer darf einen Begriff auf einen Zettel schreiben. Die Begriffe will sie dann in einer bestimmten Reihenfolge in die Geschichte einbauen. Einzige Bedingung ist: Es dürfen keine »sauigen« Wörter sein. Diese werden sofort weggeworfen, und je weniger Begriffe, desto kürzer die Geschichte. Die Kinder nehmen sich den Rat zu Herzen, aber die Wörter, die H. nachher auf den Zetteln findet, sind wirklich eine Herausforderung: Einbruch, Fußball-Länderspiel, Ladenschluss, Giraffenhals, Autobahnraststätte, Gemütlichkeit. H. tut, was sie kann, und schustert eine hanebüchene Handlung zusammen. Ob die Jungs zufrieden sind, bezweifelt sie. Als der letzte Begriff eingebaut ist, bricht das Zimmer in spontanen Applaus aus: Die Geschichte sei zwar völlig bescheuert gewesen, aber sie habe es tatsächlich geschafft, alle Wörter unterzubringen – Respekt!

Wenn es bei der Gute-Nacht-Geschichte zu Schwierigkeiten kommt, weil die Kinder unruhig sind oder ständig stören, hat sich eine veränderte Auszeitregelung bewährt: Bei der »Drei« verlässt der Erwachsene den Raum, und die Geschichte wird an diesem Tag nicht fertig erzählt. In über 98 Prozent der Fälle lassen es die Kinder nicht so weit kommen.

Beim Erzählen einer Geschichte besteht auch noch einmal Gelegenheit, sich kurz zu unterhalten. Konflikte des Tages können in Ruhe geklärt werden – getreu der Devise: Geht nie im Streit zu Bett. Werden die Kinder mit der Pubertät zu alt für Gute-Nacht-Geschichten, so kann man an dieser Stelle kurz eine Gute Nacht wünschen.

Wichteltage

Ein bewährtes Familienritual, das aber etwas Vorbereitung und Kontinuität erfordert, ist das »Wichteln«.

Beim »Wichteln« erhält man ein kleines Geschenk oder eine Belohnung – man weiß aber nicht, wer sie sich ausgedacht hat. Das erinnert ein wenig an die Heinzelmännchen von Köln, die in der Nacht heimlich Gutes tun. So packen die Kinder vieler Schulklassen vor Weihnachten kleine Päckchen für andere Kinder in der Klasse. Die Namen aller Kinder werden auf einzelne Zettel geschrieben und jedes Kind zieht einen Zettel. Für dieses Kind packt es wie ein Wichtel ein kleines Päckchen. An einem vereinbarten Tag werden die Päckchen ausgetauscht, und kein Kind wusste bis dahin, wer für es der »Wichtel« war.

So kann man auch in der Familie sich gegenseitig »bewichteln«. Die Namen aller Familienmitglieder werden auf Zettel geschrieben und jeder zieht einen Zettel.

Wenn es beim »Wichteln« um materielle Geschenke geht, sollte ein familieninterner Höchstbetrag festgelegt werden. Aber auch zu nicht-materiellen Nettigkeiten sollte ermutigt werden. So könnte z. B. für die Mutter der Frühstückstisch gedeckt oder ein Kuchen gebacken werden, das Auto geputzt oder die Spülmaschine ausgeräumt werden; ein Kind könnte einen Brief per Post bekommen oder morgens seine Zimmertür geschmückt vorfinden etc.

Vor allem für kleinere Kinder ist das »Wichteln« eine spannende Sache. Sie genießen die nette Überraschung, aber es macht ihnen auch enorme Freude, sich etwas Schönes für ein anderes Familienmitglied auszudenken. Dabei benötigt es zu Beginn die Unterstützung eines Elternteils oder eines älteren Geschwisters. Das Planen und Durchführen so einer »guten Tat« ist für Kinder eine wichtige Erfahrung. Auch die Tatsache, dass man sich manchmal streiten kann und sich trotzdem darauf verlassen kann, dass man eine Freude macht oder gemacht bekommt, trägt zur emotionalen Sicherheit bei. Aus diesem Grund ist das »Wichteln« auch häufig in Kindergartengruppen und Grundschulklassen etabliert.

Der Haussegen

Es gibt kein Familienleben ohne Konflikte. Es ist jedoch wichtig, dass Konflikte nicht über zu lange Zeit ungeklärt bleiben, sondern dass man darüber spricht und sich gemeinsam um Lösungen bemüht. Da Konflikte in der üblichen Familiengeschäftigkeit oft untergehen und nicht offen ausgetragen werden, kann es hilfreich sein, ein Signal zu vereinbaren, wenn etwas nicht in Ordnung ist.

Unter »Haussegen« verstehe ich in diesem Zusammenhang einen Gegenstand, der an einer gut zugänglichen Stelle in der Wohnung an der Wand hängt. Er kann ein gerahmtes Foto sein, aber auch eine Figur, eine Pinnwand oder etwas anderes. Immer wenn ein Familienmitglied das Gefühl hat, dass ein Konflikt besteht, der in der Familie geklärt werden müsste, verändert es die Position des Haussegens, bis dieser schief hängt. Nun wissen alle, dass etwas geklärt werden muss, und bei der nächsten Gelegenheit, etwa der nächsten gemeinsamen Mahlzeit, wird der Konflikt besprochen. Hat sich die Familie geeinigt bzw. ist der Konflikt beseitigt, wird der »Haussegen« wieder gerade hingehängt.

Als Heiner (16) nachts um zwei nach Hause kommt und sieht, dass die Stoffwärmflasche neben der Garderobe umgedreht an der Wand hängt, weiß er schon, weshalb. Am nächsten Morgen, einem Sonntag, erscheint er erst nach dem dritten Wecken am Frühstückstisch und ist entsprechend schlecht gelaunt. Die Beschwerde seiner Eltern, dass er jetzt schon zum dritten Mal diese Woche so lange weg war, lässt er wortlos über sich ergehen. Dann beginnt er zu argumentieren – seine Klassenkameraden blieben auch so lange weg, schließlich habe er heute frei, und er müsse doch nicht wie ein Baby immer sagen, wohin er gehe und was er mache. Das, sagt Heiners Vater, stehe auch gar nicht zur Diskussion. Er wolle nur nicht wieder bis nach Mitternacht wach sein müssen und sich Sorgen machen, weil er seit dem Frühstück nichts mehr von seinem Sohn gesehen und gehört habe. Nach einigem Hin und Her einigen sich Heiner und seine Eltern darauf, dass er sich bis spätestens um neun Uhr abends meldet und Bescheid sagt, ob es später wird und ob er abgeholt werden müsse oder nicht. Die Eltern müssen akzeptieren, dass sie nicht mehr in jeden Schritt im Leben ihres Sohnes eingeweiht sind, bestehen aber auf dieser »Meldepflicht«, solange er im Haushalt wohnt und versorgt wird. Heiner ist nicht begeistert, verspricht aber, dass er diesen Anruf machen wird, wenn er abends etwas vorhat. Fürs Erste kann der Haussegen nun wieder gerade gehängt werden …

Die Friedensdose

Eine einfache Methode, um Konflikte in Gruppen »auf den Tisch« zu bringen, ist die »Friedensdose«. Die Friedensdose besteht aus einem runden Papp- oder Metallbehälter, der farbig beklebt und mit Bonbons gefüllt ist. In regelmäßigen

Abständen, etwa einmal pro Woche oder an jedem Abend, wird diese Dose im Familienkreis herumgegeben. Jedes Familienmitglied, das die Dose in der Hand hat, kann nun sagen: »Bei mir ist alles in Ordnung«, sich ein Bonbon aus der Dose nehmen und sie weitergeben. Besteht nun ein Konflikt, so sagt der- oder diejenige: »Bei mir ist nicht alles in Ordnung« und erklärt dann, was los ist. Wenn der Konflikt vorgebracht wurde, darf der oder die andere Beteiligte sich kurz dazu äußern.

Es ist sinnvoll, dass ein/e Erwachsene/r die Moderation übernimmt, dass er klärende Fragen formuliert und darauf achtet, dass der Konflikt sachlich vorgetragen wird und alle Beteiligten zu Wort kommen.

Dann wird derjenige, der den Konflikt benannt hat, gefragt, was er sich wünscht, damit die Sache wieder in Ordnung kommt. Auch der »Schuldige« wird im Fall eines Streits gefragt, was er als Entschädigung anzubieten hat. Wenn sich die beiden einigen können, gibt es eine Entschuldigung (mit Handschlag und Blickkontakt). Dann kann derjenige, der den Konflikt vorgetragen hat, auch sagen: »Bei mir ist alles in Ordnung«, sich sein Bonbon nehmen und die Dose weitergeben.

Bei der Friedensdose lernen alle Beteiligten, Konflikte zu benennen und aktiv zu klären. Das ist auch der Grund, warum dieses Ritual gerne im Kindergarten und in der Grundschule praktiziert wird.

Auf die Einhaltung einiger Regeln sollte geachtet werden:

- Wenn jemand sagt, bei ihm sei alles in Ordnung, so sollte das akzeptiert werden. Es ist die Entscheidung jedes Einzelnen, ob er die Chance zur Klärung ergreift.
- Wenn ein Beteiligter sich nicht zu einem Konflikt äußern will, so darf das nicht akzeptiert werden. Ist ein Konflikt angesprochen, so sollte er auch zu Ende diskutiert werden.
- Jeder darf sich nur zu eigenen Konflikten äußern. Man darf nicht sagen: »Bei mir ist nicht alles in Ordnung, weil der Papa

die Mama heute morgen angeschnauzt hat«. Ein Kind dürfte aber sehr wohl sagen: »Ich war den ganzen Tag traurig, weil das passiert ist.«
- Wurde ein Konflikt bei der Friedensdose beigelegt, so ist er danach erledigt, das heißt, er wird nicht weiter diskutiert.
- Fällt einem »Beschuldigten« keine vernünftige Art der Wiedergutmachung ein, so kann der Moderator oder die Moderatorin etwas vorschlagen.

Der heiße Stuhl

Es gibt Konstellationen, wo jeder Streit eskaliert und ein Gespräch nicht mehr möglich ist, weil sich die Beteiligten sofort anschreien und zu keiner vernünftigen Lösung mehr kommen. In solchen Fällen kann man versuchen, über den »heißen Stuhl« miteinander zu kommunizieren. Der heiße Stuhl ist ein Ort, an dem man nur zuhören, aber nichts sagen darf.

Es gibt drei Regeln für den heißen Stuhl:
- Derjenige, der auf dem Stuhl sitzt, darf kein Wort sagen.
- Derjenige, der mit ihm redet, hat eine Minute (bei Bedarf auch zwei) Zeit, seinen Standpunkt **sachlich** vorzubringen.
- Danach wechseln die beiden die Plätze.

Hier ist es notwendig, dass beide Streitpartner zu einer Lösung kommen wollen und mit der Methode des »heißen Stuhls« einverstanden sind. Tief liegende familiäre Konflikte lassen sich auf diese Weise jedoch nicht klären. Bei massiven Problemen sollte professioneller Rat gesucht werden, etwa in Form einer Familien- oder Paartherapie.

Das Stofftierinterview

Eine Variante des heißen Stuhls ist das Stofftierinterview. Kleine Kinder, die nur schwer akzeptieren können, dass sie etwas falsch gemacht haben, unterhalten sich mit der Mutter oder dem Vater über den Umweg von Stofftieren: Das Eltern-Stofftier befragt das Stofftier des Kindes.

E: *Guten Tag! Wie heißt du denn?*
K: *Ich bin der Felix.*
E: *Und ich bin der Rabe Ralf. Felix, wo wohnst du denn?*
K: *Ich wohne beim Markus.*
E: *Und? Gefällt es dir da?*
K: *Ja, der ist immer ganz lieb zu mir.*
E: *Das ist aber schön. Nur heute hatte der Markus Ärger, habe ich gehört. Was war denn da los?*
K: *Ja, der Markus hat heute Ärger mit dem Andi gehabt. Die haben sich gehauen, und hinterher war etwas kaputt.*
E: *Warum haben die sich denn gehauen?*
K: *Och, weil der Andi sich so leicht aufregt.*
E: *Und warum hat er sich heute aufgeregt?*
K: *Naja. Der Markus hat sich heute seine Buntstifte ausgeliehen.*
E *(erstaunt): Und deswegen hat sich der Andi aufgeregt?*
K: *Na – nein. Der Markus hat vorher vergessen zu fragen. So.*
E: *Achsoooo. Na, das kann jedem mal passieren. Was kann man denn da machen, Felix?*
K: *Ich weiß nicht. Doch, ich weiß. Ich wohne ja beim Markus, und da kann ich ihn immer dran erinnern, dass er fragt.*
E: *Würdest du das machen?*
K: *Klar!*
E: *Das ist aber nett von dir. Dann ist ja jetzt alles in Ordnung. Dann spring doch schnell beim Markus vorbei und erzähl ihm das, ja?*
K: *Gut!*

Eltern sollten immer darauf achten, dass Kinder für eine gelungene Konfliktbewältigung gelobt und gelegentlich belohnt werden. Auf diese Weise lernen Kinder, mit Aggressionen angemessen umzugehen. Sie fühlen sich ernst genommen und wertgeschätzt. Es ist auch sehr sinnvoll, wenn sich die Erwachsenen an die gleichen Regeln und Rituale halten. So dienen sie ihren Kindern als Vorbilder für eine gute Streitkultur.

3 ÜBER DEN UMGANG MIT SCHWIERIGEN SITUATIONEN

Es gibt viele Situationen im Leben mit Kindern, in denen Eltern, Lehrkräfte und ErzieherInnen an ihre Grenzen stoßen. Dissoziales Verhalten macht uns meist ratlos und verletzt uns: Wie kann ein Kind – mein Kind! – so etwas tun? Wie soll ich jetzt reagieren?

Kinder unterscheiden sich in jedem Alter. Sie handeln aus unterschiedlichen Gründen und reagieren unterschiedlich, und nicht jede Technik ist für alle Altersstufen geeignet. Generell gilt: Je kleiner das Kind, desto Erfolg versprechender ist die Erziehung. Anders ausgedrückt: Sie können gar nicht früh genug beginnen, einem Kind Werte zu vermitteln.

Es gibt viele Gründe, warum Kinder zum Beispiel Wut im Bauch haben können. Zum einen müssen alle Kinder lernen, sich abzugrenzen und ihre Rolle im Leben zu finden. In diesen Entwicklungsphasen – vom Trotzalter bis hin zu den Pubertätskrisen – ist Wut im Bauch an der Tagesordnung. Hier gilt, konsequent zu bleiben, den eigenen Standpunkt zu vertreten und das Kind als Person trotzdem zu akzeptieren, auch wenn man mit seinem Verhalten nicht einverstanden ist – und es bei Bedarf einfach in Frieden zu lassen. Dabei gibt es Kinder, die auch ganz gut allein zurechtkommen, während andere sehr deutliche Regeln und Signale brauchen. So sehen die ganz normalen Anforderungen an Eltern aus – die allerdings nur von Engeln erfüllt werden könnten. Wenn Sie im Umgang mit Ihrem Kind Fehler machen, ist das völlig normal und in Ordnung – wenn Sie dies eingestehen und sich auch bei Ihrem Kind entschuldigen können.

Wut ist bei ansonsten angepassten Kindern oft eine Reaktion auf eine Überforderung: Wenn das Kind nicht weiß, wie es sich verhalten soll, wenn es keine Richtlinien und keinen Halt hat, wenn es keine Möglichkeit kennt, mit einer schwierigen Situation umzugehen, dann reagiert es wütend. Bei diesen Kindern sind Wutanfälle ein Hilferuf, dass sie nicht weiterwissen. Ebenso wie Stehlen, Lügen, Tierquälerei und Vandalismus treten Wutanfälle und soziale Probleme dann auf, wenn diese Kinder unter Stress stehen – wenn es Probleme in der Familie oder in der Schule gibt, wenn ein Umzug ansteht oder eine Trennung. Das dissoziale Verhalten ist hier nur ein Symptom, das wieder verschwindet, wenn die Probleme beseitigt sind. Es ist wichtig, mit den Kindern zu sprechen und Verständnis für ihre Situation zu zeigen, aber gleichzeitig klarzumachen, dass ihr Verhalten so nicht toleriert werden kann.

Eine Gruppe von Kindern und Jugendlichen zeigt dissoziales Verhalten, weil sie sonst nichts zu tun hat – aus Langeweile oder um eine innere Leere zu füllen. Oft sind dies Kinder und Jugendliche, die wenig Perspektiven im Leben haben. Drohende Arbeitslosigkeit, mangelnde Wertschätzung, wenig Möglichkeiten der sinnvollen Beschäftigung und keine geeigneten Rollenvorbilder prägen ihren Alltag und ihr Selbstbild. Sie kennen keine Werte oder sehen keinen Grund, gesellschaftliche Normen zu akzeptieren. Sie haben ein sehr geringes Selbstbewusstsein und finden nur in einer Gruppe Halt, deren Normen gegen die Gesellschaft gerichtet sind, wie etwa in rechtsradikalen Gruppierungen. Für sie gibt es keine einfache Lösung ihres Problems, das eigentlich eines unserer Gesellschaft ist.

Unter allen Kindern und Jugendlichen, die durch dissoziales Verhalten auffallen, gibt es einige wenige, die als sehr intelligent gelten, die aber im Umgang mit Menschen, Tieren und Gegenständen eine eigenartige Gleichgültigkeit zeigen. Sie scheinen kein Gewissen zu haben; es macht ihnen nichts aus, anderen Schmerzen zuzufügen oder Dinge grundlos zu zerstören. Diese Kinder brauchen professionelle Unterstützung, da sie in Schule und Familie nicht aufgefangen werden können.

Im Folgenden finden Sie eine Darstellung einiger »klassischer« Problemsituationen. Natürlich sind alle Kinder verschieden, und es gibt keine Patentrezepte, wie man mit Problemverhalten umgehen kann. Dennoch ist es günstig, einige Grundregeln einzuhalten und bewährte Techniken zu verwenden, um dissoziales Verhalten abzubauen, zu verändern und erwünschtes Verhalten zu verstärken.

Wutanfälle

Was passiert? – An der Supermarktkasse

Jörgs Wutanfälle finden schon von frühester Kindheit an immer im Supermarkt statt. Sobald seine Mutter an der Kasse steht, möchte er Spielzeug oder Süßigkeiten gekauft haben und beginnt ein furchtbares Geschrei und Gezeter. Inzwischen ist er acht Jahre alt, und seine Taktik ist erheblich geschickter geworden: Jetzt beschimpft er die Mutter, dass sie ihm nie was kaufe und das Geld nur für eigene Bedürfnisse ausgebe. Rundherum stehen zehn bis zwanzig andere Kunden, die an die Kasse wollen. Die Mutter ist dem Wutanfall schutzlos ausgeliefert, und er ist ihr vor den anderen sehr peinlich. Meistens, so räumt sie selbst ein, gibt sie nach, und das Kind bekommt den gewünschten Gegenstand.

Ärger bei der Auszeit

Jens (10) wird zur Ferienfreizeit nach Sylt geschickt. Die Mutter beschreibt ihn als völlig unerziehbar; immer setze er seinen Willen durch, da könne sie gar nichts machen. Bereits auf der Zugfahrt nervt Jens die anderen Kinder so sehr, dass er von den Trainern eine

Auszeit erhält. Jens will aber nicht weg von seinem Platz. Zunächst versucht er zu diskutieren – erfolglos. Als ihn der Trainer trotz seiner Proteste auf den Auszeitplatz befördert (er muss ihn tragen), versucht er wegzulaufen. Der Trainer fängt ihn ein. Nun macht Jens eine Szene – alle Leute im Zug schauen zu, wie Jens kreischend um sich schlägt, tritt und beißt, während ihn der Trainer und ein Helfer auf dem Auszeit-Platz festhalten. Nach einigen Minuten beruhigt sich Jens. Er hat gemerkt, dass die Trainer ungerührt auf der Auszeit beharren, und wählt nun den Weg des geringsten Widerstands – er sitzt seine fünf Minuten Auszeit ab. Die Zugpassagiere staunen darüber, wie ruhig und ausgeglichen er jetzt wieder wirkt; als sei nichts geschehen. Während der Freizeit gibt es noch ein paar Mal Auseinandersetzungen, die aber zunehmend seltener werden.

Was steckt dahinter?

Wutanfälle treten in jeder Altersstufe auf. Selbst bei Babys im Alter von einem Jahr kann man sie beobachten. Und auch bei 90-Jährigen erlebt man noch, dass sie die Türen schmeißen oder unter Drohungen in Wut einen Raum verlassen.

Beim Wutanfall stampft ein Kind mit den Füßen auf den Boden, schreit, tritt gegen die Möbel, wirft sich auf den Teppich und schlägt mit dem Kopf an die Wand.

Eltern kennen diese Verhaltensweisen: Wenn Kinder zwischen zwei und drei Jahre alt sind, erproben sie ihre eigene Persönlichkeit und setzen sich durch. Sie verlangen, dass alles nach ihrem Willen geschieht, und sehen rot, wenn ihnen dies verwehrt wird. Die Ausraster in diesem Alter sind normal und gehören zur Entwicklung des Kindes. Für die Eltern ist das nicht immer einfach, vor allem dann, wenn die Wutanfälle in der Öffentlichkeit ablaufen.

Wenn Kinder älter werden, gestalten sich die Wutanfälle zunehmend problematischer. Kinderpsychologen schätzen, dass

80 Prozent der 6- bis 12-Jährigen einmal im Monat oder häufiger einen Wutanfall haben. 50 Prozent rasten zweimal in der Woche oder häufiger aus, und elf Prozent haben täglich einen Anfall oder mehrere Wutanfälle. Doch es gibt auch Kinder, die, bevor sie in die Schule kamen, noch niemals einen Wutanfall hatten.

Über die Ursachen solcher Wutanfälle ist man sich nicht ganz im Klaren, auch wenn häufig angenommen wird, dass Reizbarkeit als Temperament vererbbar sei.

Es gibt immer Gründe, wenn Kinder rot sehen. Manche Kinder reagieren mit einem Wutanfall, wenn sie nicht mehr weiter wissen. So können Kinder eher zu Wutanfällen neigen, wenn sie einfach übermüdet oder von Situationen völlig überfordert sind.

Aber es gibt natürlich auch Wutanfälle, bei denen Kinder etwas durchsetzen möchten, was sie sonst nicht dürften. So kann es sein, dass sie die Zubettgehzeit hinauszögern, den Kauf eines Spielzeuges erzwingen oder auch erreichen wollen, dass sich Vater oder Mutter intensiv mit ihnen beschäftigen. Manche Kinder setzen Wutanfälle taktisch ein und rechnen damit, dass ihr Verhalten dem Erwachsenen irgendwann so unangenehm oder peinlich wird, dass dieser nachgibt. Dieser Mechanismus ist ihnen nicht völlig bewusst – sie setzen erlerntes Verhalten ein, weil es sich in der Vergangenheit bewährt hat.

Solche Wutanfälle finden fast immer in der Öffentlichkeit statt. Oft toben Kinder so, dass man sie festhalten muss. Dann krümmen sie sich vor Schmerzen und schreien wie am Spieß, obwohl man sie gar nicht fest angefasst hat. Ist der Wutanfall vorbei, verhalten sie sich sofort wieder völlig normal, sind freundlich und so keck wie zuvor. Diese Kinder haben gelernt, dass ein Wutanfall ein besonders wirksames Mittel ist, um von Erwachsenen das zu bekommen, was man will.

Was auch immer die Ursachen sein mögen – es besteht kein

Anlass, in beständiger Furcht zu leben, dass ein Wutanfall passiert. Häufigkeit und Intensität lassen sich beeinflussen durch alles das, was man vor, während und nach den Wutanfällen tut. Im Training mit sehr aggressiven Kindern erwies sich die Spanne vor dem Ausbruch als besonders günstig für Trainingsmaßnahmen. Hier lässt sich das Verhalten des Kindes beeinflussen und gut trainieren.

Was tun? – Augen zu und durch

Gleichgültig, aus welchen Gründen es zum Wutanfall kommt, er ist nicht zu tolerieren; das Verhalten des Kindes ist nicht angemessen und wird deshalb nicht akzeptiert.

Die Häufigkeit von Wutanfällen mindert man am schnellsten dadurch, dass man sie ignoriert. Es hat gar keinen Sinn, während eines Wutanfalls mit einem Kind sprechen zu wollen, ihm deutlich machen zu wollen, dass sein Verhalten nicht in Ordnung ist, oder ihm zu erklären, warum der Wutanfall unberechtigt sei. Das Kind befindet sich mitten in einem Gefühlsausbruch und ist nicht zugänglich für rationale Argumente. Von daher kann man sich diese Versuche auch sparen. Auch nach dem Wutanfall ist es meist sinnlos, darüber zu sprechen – der Wutanfall ist vorüber, das Kind verhält sich jetzt wieder freundlich, zugänglich, offen und kooperativ. Ob dies dann einen weiteren Wutanfall verhindert, sei in Frage gestellt.

Es gibt Eltern und Lehrkräfte, die denken, wenn man das Kind während des Wutanfalls festhalte, so bewirke dies ein schnelleres Ende. Meist aber verstärkt es den Wutanfall. Bei Lehrkräften haben wir beobachtet, dass sich die Intensität des Ausbruchs verdoppelt, wenn sie das Kind von hinten umfassen. Von daher ist es günstiger, es im Wutanfall einfach zu ignorieren. Eingreifen muss man nur dann, wenn es etwas Wertvolles zerstört oder andere Kinder verletzt werden. Wenn man es anfasst, dann von vorn, damit Blickkontakt möglich ist.

Trotz mehrerer Verwarnungen unterlässt Marcel es nicht, seinen älteren Bruder zu provozieren. Bei der dritten Verwarnung muss er ins Bett. Obwohl er das weiß, konnte er sich dennoch nicht steuern. Nun wird er aus dem Raum geführt. Im Schlafzimmer wirft er sich auf den Boden, schreit und weigert sich, ins Bett zu gehen – er wolle die Nacht auf dem Boden verbringen. Seine Mutter nimmt seine Aussagen nicht zur Kenntnis und verlässt einfach den Raum. Es mag sein, dass er vielleicht eine Stunde auf dem Boden gelegen hat – als die Mutter zwei Stunden später nach ihm schaut, liegt er tief schlafend im Schlafanzug in seinem Bett. Die Gesichtszüge haben sich entspannt, und es sieht ganz so aus, als ob er wenigstens von Dingen träumt, die ihn nicht wütend machen.

Einen Wutanfall zu ignorieren erfordert einiges an Anstrengung. Wenn es sich einrichten lässt, geht man im günstigsten Fall einfach weg. Unterhält man sich gerade, führt man das Gespräch fort, oder man spricht laut zu sich selbst. Will das Kind mit seinem Wutanfall in der Hauptsache Aufmerksamkeit erregen, folgt es dem Erwachsenen auch in andere Räume. Es hätte ja sonst kein Publikum. Schon hier merken Eltern, dass sie auf dem richtigen Weg sind. Man fährt also mit den gewohnten Tätigkeiten fort, kann das Radio anstellen, beginnt zu kochen, setzt sich hin und liest – entscheidend ist dabei, dass man das Kind nicht zur Kenntnis nimmt, es auch nicht ansieht, denn schon ein einfacher Blick verlängert den Ausbruch.

Dann aber versucht man auch einen Weg aufzuzeigen, wie das Kind aus dieser Situation herauskommen kann:

Sascha hat sich über seine Zimmerkameraden sehr geärgert. Er hat mit allen Streit und ist so ungehalten und wütend, dass er unter das Bett kriecht. Als sein Betreuer kommt, ist er nicht bereit hervorzukommen. Auf gutes Zureden reagiert er nicht und bleibt unter dem Bett – jetzt erst recht. Günstiger ist es, wenn der Betreuer sagt:

*»Wenn du wieder kannst, komm hervor und setz dich an den Tisch.
Dann sehe ich, dass du bereit bist mitzuspielen.«*

Manchmal ist es sinnvoll, die Aufforderung mehrfach zu wiederholen. Bewährt hat es sich, eine Anforderung zu setzen, mit der
sich der Wütende beschäftigt.

*Wenn Yves einen Wutanfall hat, kann ich nicht mit ihm reden. Er
heult mit seinen 13 Jahren wie ein Kleinkind und tobt im Zimmer
herum. Ich lasse ihn gehen. Ich sage zu ihm: »Ich erwarte von dir,
dass du mich innerhalb der nächsten 30 Minuten aufsuchst, damit
ich mit dir etwas bereden kann.« (Es hat gar nichts mit dem Wutanfall zu tun, ich hätte es sowieso mit ihm besprochen, aber gerade
jetzt ist es für Yves günstig, sich gedanklich damit zu beschäftigen.)
Die Mehrzahl der Wutanfälle dauert nicht ewig. Sie dauern
zwischen drei und zwölf Minuten. Als Yves dann nach zehn
Minuten zu mir kommt, handele ich das, was ich mit ihm besprechen
wollte, ab und erwähne mit keinem Satz den Wutanfall.*

Sätze wie »Das musste doch nun wirklich nicht sein«, »Damit
hast du mich sehr enttäuscht« etc. zeigen in solchen Fällen
keine Effekte.

Klappt das Ignorieren nicht, dann gibt man eine Auszeit. Bei
kleineren Kindern eignet sich der Auszeitstuhl, ältere schickt
man in ihr Zimmer, und zwar zunächst einmal so viele Minuten, wie sie alt sind. Kinder früher zurückzulassen, ist wenig
sinnvoll, da sie sich in einer zu kurzen Zeitspanne nicht beruhigen.

Durch Belohnung lassen sich Wutanfälle ebenfalls verringern. Dabei lobt man natürlich nicht: »Wie schön, dass du
heute noch keine Wutanfall hattest. Das freut mich«, sondern
man drückt positiv aus, was konkret zu loben war: »Es hat mich
gefreut, dass du heute mit deinen Brüdern ohne Streit einkau-

fen warst«, »Heute konntest du die gesamte Pause prima mit den anderen spielen.«

Das Kind lernt so, dass es die Zuwendung für etwas bekommt, was es richtig macht. Wichtig ist also die Maxime: *Catch the child being good*, trainiere das Kind, wenn es etwas richtig macht, stell dich immer auf Situationen ein, wo es sich akzeptabel verhält. Wenn es Wutanfälle beherrschen kann und sich angemessen benimmt, erhält es Belohnungen zusätzlich zum Lob. Das können Punkte, Sticker, aber auch ein Kinobesuch oder ein kleiner Ausflug sein.

Wenn Andi einen Wutanfall hat, rennt er in sein Zimmer und verbarrikadiert sich. Während eines Ferienaufenthaltes geriet er in Wut, raste in seinen Gruppenraum und blockierte die Türlinke von innen mit einem Besen. Die anderen Kinder redeten ihm von außen gut zu, die Tür doch wieder zu öffnen. Nichts half. Man hatte eher den Eindruck, dass sein Verhalten sich verschlimmerte, denn man hörte es in dem Raum rumpeln und krachen. Erst als alle verschwunden waren und niemand mehr ihn zu beruhigen versuchte, er ganz allein war, öffnete er die Tür und kam heraus.

Manchmal erreichen Kinder, wie gesagt, durch ihre Wutanfälle, dass sie an sie gestellte Aufgaben nicht mehr erfüllen müssen.

Norbert schaut sich im Fernsehen seine Lieblingsserie an. Seine Mutter bittet ihn, schnell den Mülleimer nach unten zu bringen, da es in dieser Woche sein Job ist. Norbert regt sich unglaublich auf. Er wirft seiner Mutter vor, dass sie ihn immer während seiner Lieblingsserie störe. Sie widerspricht. Ein Wort gibt das andere, und bald sind sie in einen längeren Streit verwickelt. Am Ende des Gesprächs verlassen beide Türen schlagend den Raum. Der Mülleimer ist kein Thema mehr – offensichtlich hat die Mutter über der Diskussion vergessen, was sie ursprünglich von Norbert wollte. Sie hat alle

seine Argumente entkräftet, aber nicht erreicht, dass der Mülleimer
sauber ist.

Hier empfiehlt es sich, folgendermaßen vorzugehen:
1. Klar sagen, was getan werden soll und welche Konsequenz es hat, wenn es nicht getan wird.
2. Bevor eine Konsequenz erfolgt, gibt es zwei bis drei Verwarnungen.
3. Wird die aufgetragene Arbeit dann immer noch nicht erledigt, praktiziert man eine Auszeit.
4. Nach der Auszeit muss das Kind trotzdem die aufgetragene Aufgabe ausführen.

Besondere Stolpersteine
Für manche Eltern stellen folgende Grundregeln eine Hilfe dar:
- Ein einmal ausgesprochenes Nein darf nicht plötzlich zum Ja werden!
- Man sollte versuchen, mit dem Wutanfall immer in gleicher Weise umzugehen, auch wenn er in einer Situation passiert, in der man nicht gern so viel Publikum hätte.
- Situationen, die einen Wutausbruch provozieren, vermeidet man grundsätzlich, um nicht noch mehr Probleme zu provozieren. Manchmal fühlen sich Kinder von einer Situation überfordert oder sind übermüdet.

Lügen

Was passiert? – Das Blaue vom Himmel herunterlügen ...
Als Frau W. einen dumpfen Schlag aus dem Wohnzimmer hört, ahnt
sie nichts Gutes. Auf dem Teppich liegt die große Palme; der Topf ist
umgestürzt, und der 3-jährige Sebastian ist emsig damit beschäftigt,
die überall verstreute Blumenerde mit den Händen zusammenzu-

schieben. *Aufgebracht fragt Frau W.: »Sebastian! Hast du die Palme umgeworfen?« Sebastian hält inne, schaut seine Mutter an und schüttelt dann mit ängstlichem Gesichtsausdruck den Kopf. Frau W. fragt noch einmal drohend: »Sebastian! Darfst du mit den Blumen spielen?« Sebastian ist sich seiner Sache jetzt offenbar sicherer: »Das war ich nicht! Die ist einfach so umgefallen!«*

Lisa geht in die dritte Klasse. In Sachkunde fällt ihr siedend heiß ein, dass sie eigentlich für heute eine Karte hätte zeichnen müssen – sie hat es glatt vergessen. Als ihr Lehrer durch die Reihen geht, um die Aufgaben zu überprüfen, erklärt Lisa mit hochrotem Kopf, sie habe gestern Bauchweh gehabt, und da habe ihre Mutter gesagt, sie brauche die Aufgabe nicht zu machen. Der Lehrer schaut Lisa prüfend an: »Stimmt das auch?« Lisa nickt. »Soll ich deine Mutter heute Nachmittag anrufen?« Lisa wird es flau im Magen, aber sie nickt trotzdem: »Sie können sie ruhig fragen.« Der Lehrer schaut noch einmal zweifelnd und geht dann weiter. Den ganzen Tag ist Lisa unruhig und unglücklich. Was, wenn der Lehrer wirklich zu Hause anruft?

Herr G. ist schockiert. Soeben hat er eine Mitteilung vom Gymnasium erhalten, dass sein 17-jähriger Sohn Robert wegen Vandalismus und Alkoholkonsum auf dem Schulgelände sowie dem Besitz von weichen Drogen kurz vor dem Schulverweis stehe. Auch die Leistungen des Jungen ließen seit den Sommerferien sehr zu wünschen übrig. Das hätte Herr G. nie geglaubt – Robert erzählt zu Hause immer, alles liefe völlig problemlos; die Kursarbeiten seien erst Ende des Halbjahres zu erwarten, und wenn die Eltern ihn nach Haschisch fragen, das gerüchteweise auf Partys kursiert, sagt Robert immer ganz entrüstet: »Aber Papa, ich rauche doch nicht mal. Sowas interessiert mich überhaupt nicht.« Als Robert an diesem Abend sehr spät nach Hause kommt, sind die Eltern noch wach. Wortlos legen sie ihm das Schreiben der Schule hin. Robert ist erstaunt: »Und das glaubt ihr? Das müssen die doch erst beweisen.« Er setzt den Eltern lang und

breit seine Unschuld auseinander, aber Herr G. ist nicht recht über-
zeugt. Kann er seinem Sohn überhaupt noch etwas glauben?

Was steckt dahinter? – Lügen bedeuten in jedem Alter etwas anderes

Erwachsene gehen mit der Wahrheit gelegentlich sehr groß-zügig um. Aber wenn ein Kind lügt, werden Erwachsene sofort sehr ärgerlich. Bei Kindern hat man manchmal Schwierig-keiten, den Unterschied zwischen Wahrheit und Fiktion zu verstehen.

Der berühmte Entwicklungspsychologe Jean Piaget fand heraus, dass Kinder vor Beginn der Schule nach dem Prinzip verfahren, dass sie den Eltern gefallen wollen. Was Vater und Mutter gefällt, ist gut, was ihnen missfällt, ist schlecht.

Wenn also das Kind die Lieblingsvase der Mutter zerbricht, weiß es, dass die Mutter darüber traurig, ärgerlich und ent-täuscht ist. Also wird es sagen, dass es die Vase nicht zerbro-chen hat, auch wenn es eigentlich genau weiß, dass dies nicht stimmt. Es wird dies den Eltern sogar ins Gesicht sagen, obwohl diese vielleicht direkt beobachtet haben, wie die Vase vom Tisch gefallen ist. Die Bewertung von Wahrem und Unwahrem erfolgt auf einer anderen Grundlage als bei uns Erwachsenen, und daher hat ein Kind auch keine Probleme damit, in bestimmten Fällen die Unwahrheit zu wählen.

Von daher erklärt sich das Vorgehen kleiner Kinder. Der Unterschied zwischen Schein und Wirklichkeit ist ihnen schwer begreiflich zu machen. 18 Prozent der 6-Jährigen können dies sicher unterscheiden, aber schon 90 Prozent der 9-Jährigen können Realität und Phantasie trennen. In dem Moment, wo sie Tatsachen und Phantasie nicht mehr ver-wechseln, wissen die Kinder auch: Eine Lüge ist eine Lüge, und selbst wenn man nicht erwischt wird, bleibt es eine Lüge. Etwa ab dem Alter von sieben Jahren entwickeln Kinder auch Schuldgefühle wegen des Lügens. Ein 7-jähriges Kind fühlt sich schlecht, wenn es gelogen hat (auch wenn es nicht erwischt wurde). Es beschäftigt sich stark mit Unrecht und Strafe und denkt unter Umständen, dass es von Gott bestraft wird, wenn dies nicht durch die Eltern geschieht.

Mit etwa zehn Jahren gewinnt es ein anderes Verhältnis zur Wahrheit. Dies ist nach Piaget eine Folge von Reife und Erfahrung. In diesem Alter beginnt das Kind zu verstehen, dass die Gesellschaft auf der Basis von Vertrauen funktioniert. Vertrauen muss entwickelt werden.

Was tun? – Wahrheit lässt sich nicht erpressen
Lügen bedeutet also für die unterschiedlichen Altersgruppen unterschiedliche Dinge. Daher ist es unsinnig, es persönlich zu nehmen, wenn ein Kind lügt. Es ist viel wichtiger, das Kind dazu zu erziehen, dass man sich auf es verlassen kann.

Statt es persönlich zu nehmen, wenn ein Kind lügt, sollte man versuchen, ihm die Bedeutung von Wahrheit beizubringen.

Dabei geht man folgendermaßen vor:
1. Man zwingt ein Kind nicht dazu zu lügen. Eltern haben oft eine Art, Kinder über ihr Fehlverhalten zu befragen, die sie sie zum Lügen regelrecht zwingt.
2. Man stellt nicht zu viele Fragen.
3. Man stellt sachlich fest, was geschehen ist.

Dabei wird zwischen der Strafe für das eigentliche Fehlverhalten und der für das Lügen unterschieden. Das Fehlverhalten straft man nicht so stark, weil sonst das Risiko, dass gelogen wird, sehr viel größer wird – Kinder entwickeln sonst Muster, wie sie am besten lügen, um die Strafe zu vermeiden.

Man bestraft in der Regel die Aktionen, und erst dann bestraft man das Lügen. Wichtig ist dabei, die Wahrhaftigkeit auch zu belohnen, zu verstärken. Man lobt ehrliches Verhalten. Man kann ein Wahrheitsbuch anlegen. Man belohnt die Ehrlichkeit mit Privilegien und kleinen Überraschungen. Die Stufe soll grundsätzlich milder ausfallen, wenn das Kind eine Missetat zugibt, bevor es erwischt und befragt wurde.

Kinder, die im Alter ab zehn Jahren konstant lügen, haben oft starke emotionale Probleme. Einige dieser Kinder können nicht zwischen Realität und Phantasie unterscheiden. Andere wissen, dass ihre Geschichten gelogen sind, aber sie haben nicht das geringste Unrechtsbewusstsein. Wieder andere erzählen so dicke Lügen, dass sie entdeckt werden müssen. Sie alle benötigen professionelle Hilfe.

Stolpersteine – Merksätze für Eltern

- Wenn kleine Kinder lügen: Versuchen Sie, nicht drohend zu sprechen.
- Kleine Kinder lügen meist, weil sie etwas angestellt haben und sich vor den Konsequenzen fürchten. Versuchen Sie, gemeinsam eine Lösung zu erarbeiten: *Was kannst du tun, um es wieder in Ordnung zu bringen?*
- Das Kind sollte wissen, dass die Strafe geringer ausfällt, wenn es nicht lügt und gleich die Wahrheit sagt.
- Reagieren Sie nicht hysterisch, wenn Ihr Kind Ihnen offen vielleicht auch Unangenehmes erzählt.

Michael ist 16 Jahre alt. Seine Eltern sind sehr verständnisvoll; sie haben ihm immer gesagt, dass er ihnen alles erzählen kann. Aber als er eines Tages erwähnt, dass in seiner Klasse gekifft wird und dass er das auch ab und zu macht, bricht seine Mutter in Tränen aus. Die kommenden Tage sind die Hölle – jeden Tag versucht Michaels Mutter, mit ihm über sein Drogenproblem zu reden; immer wieder ertappt er sie dabei, wie sie ihn sorgenvoll ansieht, und Michael hat den Verdacht, dass sie seinen Kleiderschrank durchwühlt hat. Er beschließt, zu Hause nie wieder etwas Derartiges zu erwähnen. Mit der Zeit legt sich die Aufregung, aber Michael hat sein Bild von den verständnisvollen Eltern gründlich revidiert und ist viel vorsichtiger geworden, um sie nicht noch einmal aufzuregen.

Stehlen

Was passiert? – Ladendiebstahl

Martin geht in die 7. Klasse eines Gymnasiums. Seine Eltern sind beide auch Lehrkräfte an dieser Schule. Finanziell geht es ihnen hervorragend. Die Familie bewohnt ein schönes Haus, und Martin hat alles, was ein Jugendlicher in diesem Alter braucht. Eines Tages geht er zum Einkaufen in eines der Kaufhäuser seines Wohnortes. Dort befindet sich in der CD-Abteilung ein Stand, an dem man sich CDs aussuchen kann, um sie zu hören. Martin sucht sich sechs CDs aus, und weil sie ihm alle gut gefallen, steckt er sie heimlich unter seine Jacke. Er fährt die Rolltreppe hinunter und verlässt das Kaufhaus schnell. Zu Hause angekommen, sortiert er seinen »Fang« und beschließt, das Kaufhaus nochmals aufzusuchen, um noch einige andere CDs mitzunehmen. Am nächsten Tag hört Martin nach der Schule wieder CDs im Kaufhaus. Dieses Mal stiehlt er 14 CDs. Der Hausdetektiv beobachtet ihn über Videokamera und fängt ihn dann ab, als er die Abteilung verlassen will. Leugnen ist zwecklos, da Martin ja alle CDs in seiner Schultasche hat.

Was steckt dahinter? – Mein und Dein

Stehlen gehört zu den Verhaltensweisen, die Eltern am meisten beunruhigen. Vielfach sehen sie ihre Kinder bereits als Kriminelle in einem Zuchthaus. Stehlen ist zwar nicht auf die leichte Schulter zu nehmen, aber es sollte auch nicht zu Überreaktionen führen.

Man schätzt, dass alle Jugendlichen mindestens einmal in ihrem Leben in eine Situation gekommen sind, in der sie gestohlen haben. In gewisser Weise gehört Stehlen für sie in den Bereich des sozialen Lernens: Kinder versuchen oft die

Erfahrung zu machen, wie es ist, wenn man etwas gestohlen hat. Meistens klauen sie einen kleinen Gegenstand, einen eher unbedeutenden Artikel, zum Beispiel eine Spraydose, ein Päckchen Wäscheklammern oder ähnliches. Die Mehrzahl der Kinder verarbeitet das Stehlen ganz vernünftig. Sie haben danach ein schlechtes Gewissen, machen sich viele Gedanken und beichten schließlich den Vorgang. Auch wenn sie nicht erwischt wurden, löst der ganze Vorfall Unruhe bei ihnen aus. Wenn sie dann die Erfahrung gemacht haben, ist die Sache für sie erledigt. Andere dagegen rutschen in dieses Verhalten so hinein, dass sie eigentlich nicht mehr genau unterscheiden können, ob es noch in Ordnung ist oder nicht.

Was tun? – Früh beginnen
Stehlen kommt in allen Bevölkerungsgruppen vor. Häufig versichern mir Eltern, dass ihnen ihre Kinder auch noch im Alter von acht bis zwölf Jahren alles erzählen und dass ihre Kinder auf gar keinen Fall als Täter in Frage kommen können, wenn einmal in der Klasse etwas geklaut wurde. Was für ein Irrtum! Abgesehen davon, dass es günstig ist, schon kleinen Kindern präventiv anzuerziehen, was Eigentum bedeutet, sind viele Eltern ganz entsetzt, wenn sie in der Frühstückstasche ihres Kindes plötzlich ein Spielzeug des Nachbarkindes entdecken. Kleinen Kindern ist oft nicht ganz klar, was ihnen gehört und was nicht. Manchmal wollen sie einen Gegenstand so gerne haben, dass sie sich schließlich einreden, er gehöre ihnen oder sei ihnen geschenkt worden; oft wissen sie gar nicht genau, wie der Gegenstand zu ihnen gekommen ist. Meist haben sie jedoch das unbestimmte Gefühl, dass etwas nicht in Ordnung ist.

Hier sollte man dem Kind erklären, dass es nicht in Ordnung ist, etwas zu nehmen, das man nicht geschenkt bekommen hat. Bestehen Sie darauf, dass das Kind den Gegenstand zurückgibt.

Wenn die Sache in Ordnung gebracht ist, sollte es gelobt werden und unter Umständen eine kleine Belohnung erhalten. Damit sollte der Vorfall vergessen sein. Bei Schulkindern ist es wichtig, dass sie die gestohlenen Gegenstände persönlich zurückgeben und sich entschuldigen, egal ob es zu einem Jugendgerichtsverfahren kommt oder nicht. Auch negative Konsequenzen sind denkbar.

Björn ist 14 und hat seinen Eltern bisher selten Probleme gemacht. Umso erstaunter ist sein Vater, als eines Tages ein Streifenwagen vor dem Haus hält und Björn von zwei Beamten zur Haustür gebracht wird: Er hat im Supermarkt in der Nähe der Schule eine Packung Haarfärbemittel gestohlen. Björns Vater reagiert zunächst sehr ruhig; er ignoriert seinen Sohn, bis die Streifenpolizisten wieder weg sind. Auch danach redet er nicht viel; er fragt Björn, ob es stimme, dass er gestohlen habe, und telefoniert anschließend mit dem Filialleiter des Supermarktes. Eine halbe Stunde später fährt er mit Björn dorthin. Björn muss sich entschuldigen, was er mit hochrotem Kopf tut, und den Filialleiter fragen, wie er die Sache in Ordnung bringen kann. Der Filialleiter bietet an, dass Björn an drei Nachmittagen zum Arbeiten kommen kann – ohne Bezahlung, versteht sich. Am Ende dieser drei Nachmittage verabschiedet sich der Filialleiter freundlich von Björn und erklärt, er habe noch einen Ferienjob frei … Björn verzichtet dankend. Er stiehlt nie wieder.

Sinnlos dagegen ist, das Kind anzuschreien, es anzufahren oder ihm lange Ausführungen darüber zu machen, welche Konsequenzen Stehlen hat. Es ist wichtig, dem Kind bzw. dem Jugendlichen zu vermitteln, dass Stehlen von seinen Eltern nicht geduldet werden kann, auch wenn es noch so überzeugende Ausreden gibt. Gestohlen bleibt gestohlen. Auch wenn sich der ursprüngliche Besitzer des Gegenstandes nicht mehr ermitteln lässt, sollte das Kind ihn keinesfalls behalten dürfen.

Es ist sicher auch oft richtig, einen deutlichen Strafreiz zu setzen, zum Beispiel über einen längeren Zeitraum kein Fernsehen, die Teilnahme an einem Fußballkurs verbieten, den Besuch eines Rockkonzerts nicht ermöglichen. Wird das Kind angezeigt, ist es notwendig, einen Bericht über den Vorgang anzufertigen. Eventuell wird das Kind auch vor dem Jugendrichter angehört. In der Regel kommt es zu Verwarnungen und sozialen Diensten in Form von Arbeitsstunden. Sind diese erledigt, muss man auch mit dem Vorfall abschließen und zur Normalität zurückkehren.

Kinder dagegen, die nicht stehlen, freuen sich auch über Belohnungen durch die Eltern und Lehrkräfte, die sie dafür erhalten, dass sie solche Verhaltensweisen nicht zeigen.

Timo ist zwölf Jahre alt. Er stiehlt in der Wohnung seiner Eltern Geld. Von allem, was offen herumliegt, nimmt er einige Münzen an sich. Wird er zur Rede gestellt, streitet er ab, dass er überhaupt etwas aus dem Portemonnaie genommen hat. Erst dann, wenn seine Mutter sehr bestimmt wird, gibt er die Tat zu. Er zeigt keinerlei Reue, und schon nach kurzer Zeit nutzt er wieder jede Gelegenheit, Geld an sich zu bringen.

In einem solchen Fall kommt man mit den häuslichen Möglichkeiten allein nicht weiter. Hier ist es notwendig, professionelle Hilfe in Anspruch zu nehmen.

Tierquälerei

Was passiert? – … die Katzen litten große Not …
Vor einigen Monaten erhielt ich den verzweifelten Brief einer Mutter. Sie schrieb über ihren 8-jährigen Sohn Jonas:
Jonas tut Dinge, die mir Sorgen machen. Vor allem habe ich festgestellt, dass er Tiere quält. Nachbarn erzählten mir, dass er ihrem

Hund mit Heftpflaster eine Scherbe unter den Fuß geklebt habe. Ich wollte es erst nicht glauben, aber Jonas hat es zugegeben. Ich habe versucht, mit ihm zu reden, aber er hört mir nicht zu. Was soll ich mit ihm machen?

Was steckt dahinter?

Friederich der Wüterich aus dem *Struwwelpeter* von Heinrich Hofmann ist eines der bekannteren literarischen Beispiele für Tierquälerei:

> *Der Friederich, der Friederich,*
> *das war ein arger Wüterich!*
> *Er fing die Fliegen in dem Haus*
> *und riss ihnen die Flügel aus.*
> *Er schlug die Stühl und Vögel tot,*
> *die Katzen litten große Not. [...]*

Der Friederich scheint große Wut im Bauch zu haben; er richtet sie völlig unbegründet gegen Tiere und Gegenstände. Folgerichtig heißt er in der englischen Übersetzung auch »cruel Frederick«, der grausame Friederich.

Wenn Kinder im *Struwwelpeter* lesen, wie der Friederich einen wehrlosen Hund mit der Peitsche traktiert, so empfinden sie es in der Regel als ausgleichende Gerechtigkeit, wenn der Hund sich zur Wehr setzt und den Friederich beißt.

Der sehnlichste Wunsch der meisten Kinder ist es, ein eigenes Tier zu besitzen. Ein Tier sollte jedoch nicht angeschafft werden, ehe das Kind alt genug und in der Lage ist, das Tier zu füttern, sauber zu machen und sich regelmäßig mit ihm zu beschäftigen. Das Kind muss begreifen: Ein Tier bedeutet dauerhafte Verantwortung. Ein Tier kann man nicht einfach im untersten Schrankfach vergessen, wenn man keine Lust mehr hat, mit ihm zu spielen. Ein Kind sollte genau Bescheid wissen, was auf es zukommt, wenn es ein Tier bekommt.

Alle Kinder behandeln Tiere gelegentlich unangemessen. Sie

spielen zu wild mit ihnen, lassen sie fallen oder ähnliches. Bei kleineren Kindern soll das Tier manchmal eine Rolle im Spiel übernehmen, wie ein Stofftier; verhält es sich anders als gewünscht, kann es vorkommen, dass sie das Tier bestrafen.

Diese Handlungen geschehen in der Regel nicht mit Absicht, sondern eher aus dem Grunde, dass sich Kinder erst ab einem gewissen Alter in die Perspektive anderer hineinversetzen können. Sie können sich nicht vorstellen, wie das Tier die Behandlung erlebt und dass es Schmerz und Stress empfindet. Kleine Kinder gehen oft erst einmal davon aus, dass dem Tier Spaß macht, was auch ihnen Spaß macht.

Später (bis etwa 14 Jahre) kann es auch sein, dass manche Kinder, insbesondere Jungen, am Tier erproben, wie weit sie gehen können. Sie probieren aus, wie es sich anfühlt, einem schwächeren Lebewesen Schmerzen zuzufügen. In der Regel haben sie danach ein schlechtes Gewissen, und es bleibt bei der einmaligen Erfahrung.

Daher ist es zunächst einmal wichtig, dass Kinder lernen, in angemessener Weise mit Tieren zu spielen, wenn sie in dieser Beziehung Probleme haben. Man muss sie lehren, wie sie für ein Tier richtig sorgen. Es wird ihnen gezeigt, was zu tun ist, wenn das Tier sie anspringt, sie kratzt oder ähnliches. Daher ist es sinnvoll, wenn kleinere Kinder anfangs nicht ganz allein mit ihrem Tier spielen dürfen.

Was tun? – Auszeit für die Tiere

Kleinere Kinder sollten nicht die Aufgabe bekommen, Tiere zu disziplinieren, weil sie hier noch kein konsequentes Verhalten ausüben können und eher dazu neigen, alles zu übertreiben.

Ein Kind muss lernen, wie wichtig es ist, freundlich und vorsichtig mit dem Tier umzugehen, statt es ständig anzufassen oder mit übertriebenen Zärtlichkeiten zu überschütten.

Mareike (3) macht mit ihrer Familie Ferien auf dem Bauernhof. Sie ist äußerst interessiert an Hühnern, Kühen und Schweinen und insbesondere an den jungen Kätzchen auf dem Hof. Diese zutraulichen Tiere fängt sie bei jeder Gelegenheit ein, nimmt sie auf den Arm und streichelt sie. Mit der Zeit werden die Katzen misstrauischer und beginnen, Mareike zu meiden. Eines Tages kommt das Mädchen, in Tränen aufgelöst, zu den Eltern gerannt, mit ausgestrecktem Arm eine kleine Katze am Schwanz haltend. Das Tier zappelt und versucht zu entkommen, und Mareike heult wie eine Sirene: »Die Katze mag mich gar nicht!«

Bei den ersten Anzeichen von aggressivem oder unangemessenem Spiel mit dem Tier erhält das Kind eine Auszeit, so wie dies üblicherweise dem Alter entsprechend praktiziert wird. Nutzt dies nichts, darf das Kind beispielsweise den ganzen Tag nicht mehr mit dem Tier umgehen. Das bedeutet, dass es sich von dem Tier fern halten muss.

Besonders wichtig ist es, das Kind dafür zu loben, wenn es angemessen mit dem Tier umgeht und sich überall um es kümmert. Man kann Kinder auch belohnen, wenn sie mit dem Tier in der von den Eltern gewünschten Form spielen und es entsprechend versorgen. Wenn es vorkommt, dass das Kind einem Tier (dem eigenen oder anderen) immer wieder und mit voller Absicht Schmerzen zufügt und dabei offenbar keinerlei Gewissensbisse hat, so ist es möglich, dass hier ernsthafte emotionale Probleme zugrunde liegen. Beobachten die Eltern, dass ihr Kind von aggressivem Spiel mit dem Tier nicht ablassen kann, und kommt es immer wieder zu unverständlichen Tierquälereien, ist es notwendig, professionelle Hilfe in Anspruch zu nehmen.

Unflätiges Schimpfen

Was passiert? – Schimpfen ohne Hemmungen

Die Lehrerin Frau S. weiß nicht mehr, was sie machen soll. Seit der ersten Klasse war Dennis schwierig, aber jetzt, im zweiten Schuljahr, ist er unerträglich: Mehrmals wöchentlich, manchmal sogar zweimal am Tag, gerät er in Rage, meist über Kleinigkeiten. Binnen Sekunden ist er derart außer sich, dass er aufspringt und andere Kinder (oder – je nachdem – Frau S.) unflätigst beschimpft. Dabei benutzt er Wörter aus dem Fäkal- und Sexualbereich, kombiniert sie phantasievoll und brüllt sie mit voller Lautstärke in den Raum. Frau S. ist jedes Mal wie gelähmt. Hat sich Dennis »ausgeschimpft«, setzt er sich wieder hin und ist für eine halbe Stunde nicht ansprechbar. Sie hat das Problem schon viele Male mit Dennis' Mutter besprochen, aber die weiß auch nicht, woher Dennis die Schimpfwörter nimmt; zu Hause werde so nicht gesprochen.

Was steckt dahinter? – Ärger, »nur Spaß« oder Provokation

Alle Kinder benutzen gelegentlich Schimpfwörter aus der Fäkalsprache. Einige Kinder möchten damit ausdrücken, dass sie sich besonders ärgern und schimpfen auch nur, wenn sie wütend sind; andere machen es aus Spaß oder um Erwachsene zu provozieren, und wieder andere kommen sich dabei »erwachsen« vor.

Wenn man Kinder ab sieben Jahren befragt, stellt sich heraus, dass den allermeisten von ihnen die unflätigsten Schimpfwörter geläufig sind. Dabei bilden die Mädchen keine Ausnahme. Die meisten Kinder würden sich jedoch hüten, diese Schimpfwörter in Gegenwart eines Erwachsenen zu benutzen. Anders die ADHS-Kinder – in ihrer Impulsivität schimpfen sie, geben sie alles von sich, was ihnen in den Sinn kommt, wenn sie aufgeregt sind.

Das Benutzen solcher Schimpfwörter wird schon ab dem

Alter von drei Jahren beobachtet. In den meisten Fällen ignoriert man es, und die Mehrzahl der Kinder lässt dann auch davon ab. Auch Erwachsene benutzen gelegentlich Schimpfwörter und wenden sie auf andere Erwachsene an. Sie haben aber gelernt, sich zu kontrollieren, und können einschätzen, in welchem Kontext sie angemessen sind und in welchem nicht. Kinder müssen dies erst noch lernen.

Bei unserer Arbeit mit Hyperaktiven können wir immer wieder ihre Vorliebe für Schimpfwörter beobachten. Fahren die Kinder als Gruppe im Zug und dürfen sich zu mehreren frei bewegen, kommt es immer wieder vor, dass sie alle Abteiltüren öffnen und ein Schimpfwort hineinrufen. Schon in einer solchen Situation, die man noch als spaßig bezeichnen könnte, verlieren sie schnell die Distanz zu Erwachsenen, sodass die benutzten Schimpfwörter immer unangemessener werden.

Sind sie erst recht in Wut – wenn die Zugfahrt zu lang wird –, beschimpfen sie unter Umständen ihre Betreuer, und dabei sind Ausdrücke wie »Hurensohn« oder »Nutte« noch das Harmloseste, was sie zu bieten haben.

Von Anfang an ist es wichtig, dass ein Kind weiß, wenn ein Wort unangemessen ist, das es benutzt. Daher hat der Erwachsene eine Vorbildfunktion. Er sollte deshalb auch nicht selbst in Gegenwart des Kindes schimpfen. Er muss also das Modell sein, an dem sich das Kind orientiert. Er sollte auch selbst darauf achten, dass er das Kind nicht mit Schimpfwörtern – und seien diese noch so harmlos – tituliert. Wenn Kinder Schimpfwörter benutzen, ist es besonders wichtig, dieses schlechte Benehmen nicht dadurch zu unterstützen, dass man ihm zu viel Aufmerksamkeit schenkt.

1. Keinesfalls eine Überreaktion! Sagen Sie dem Kind deutlich und konsequent, dass Sie nicht möchten, dass es diese Wör-

ter noch einmal benutzt: »Sag so etwas nicht noch einmal, nicht im Spaß und nicht im Ernst.«

2. Die Mehrzahl der Wörter werden die Erwachsenen selbst schon gehört haben. Wenn das Kind ein solches Wort benutzt, schreien Sie am besten nicht und reagieren auch nicht schockiert oder tun so, als wäre das etwas ganz Schlimmes. Das Kind gewinnt sonst den Eindruck, dass es etwas ganz Besonderes sei, und hat somit eine einfache Möglichkeit, sich schnell und effektiv in den Mittelpunkt zu stellen.

Im Englischen gibt es das Sprichwort: *Sticks and stones may break my bones, but names will never hurt me – Stöcke und Steine können mir die Knochen brechen, aber Wörter tun nicht weh.* Dieses Sprichwort enthält für viele Kinder eine Richtlinie, wie sie mit Schimpftiraden umgehen können. Es hilft ihnen aber auch zusätzlich, wenn man sie vor allem dafür lobt und belohnt, wenn sie ein angemessenes Sprachverhalten zeigen.

Die Wörter zu diskutieren, andere vorzuschlagen oder sie im Rollenspiel aufzuarbeiten, hat sich bei Kindern als wenig günstig erwiesen.

Wenn das Kind die Schimpfwörter trotzdem weiter benutzt, geben Sie ihm eine Auszeit immer dann, wenn es aus Unachtsamkeit oder in der Wut auf solche zurückgreift.

Eine andere Möglichkeit ist es, Privilegien zu streichen: Fernsehen am Abend gibt es für das Kind nur dann, wenn es keine Schimpfwörter benutzt bzw. wenn es damit aufhört; fängt es wieder an, wird das Privileg wieder entzogen.

Entscheidend beim Umgang mit Schimpfwörtern ist, selbst eine ganz klare Position zu beziehen. Wenn die Regel »keine Schimpfwörter« gelten soll, so dürfen auch keine »Schimpfwörter im Spaß« zugelassen werden. Ein grundsätzliches Nein zu Schimpfwörtern (auch bei den Erwachsenen), aber viel Lob und Belohnung, wenn das Kind ohne Schimpfwörter auskommt, ist hier die günstigste Stellung.

Auch in der Schule ist es unsinnig, sich mit den Schimpf-wörtern auseinander zu setzen oder ihnen, wenn sie aus dem Bereich der Sexualität stammen, zu viel Bedeutung beizu-messen (und sie sich etwa erklären zu lassen – das bietet man-chen Kindern vor allem Gelegenheit zu einem großen Auftritt). Besser ist es, klar darzulegen, dass man diese Wörter nicht hören will und es sich verbittet, dass sie benutzt werden, solange man selbst anwesend ist.

Bei ADHS-Kindern haben wir festgestellt, dass sie ein besonderes Faible für die schlimmsten Schimpfwörter haben. Sie haben ein riesengroßes Repertoire. Es scheint, als ob sie diese Schimpfwörter von Kindergartenzeit an sammeln und dann alle während eines Wutanfalls aktivieren können. Auch hier ist es wichtig, klar Stellung zu beziehen. Beim ersten Wut-anfall erklärt man, wie man in Zukunft handeln wird. Es erfolgt auf jeden Fall eine Auszeit, damit das Kind die anderen Grup-penmitglieder nicht beschimpfen kann. Hält es sich an die Ver-einbarung und bemüht sich um eine gute Sprache, ist eine Belohnung natürlich außerordentlich verstärkend.

Da Erwachsene gerade beim Benutzen von Schimpfwörtern nur selten ein wirkliches Vorbild sind, ist das Abgewöhnen von Schimpfwörtern besonders schwierig. Erwachsene sind im Umgang mit Schimpfwörtern sehr unachtsam, erwarten aber von Kindern, dass sie von ihnen nicht benutzt werden. Ein All-heilmittel gegen Schimpfwörter gibt es nicht. Eine klare, kon-sequente Linie ist aber jedem möglich.

Mutwillige Zerstörung

Was passiert? – Sachbeschädigung

Georg ist für seine zwölf Jahre ein stämmiger Junge. Er raucht und zieht bis spätabends im Dorf herum, ohne irgendjemandem zu sagen, was er tut. Dem schulpsychologischen Dienst wurde Georg

gemeldet, weil er in der Wut das Auto einer Lehrerin zerkratzte.
Nachdem die Lehrerin seinen Eltern einen Brief geschrieben hatte,
hat Georg eines Abends, als sie nicht zu Hause war, zusammen mit
einer Gruppe älterer Jugendlicher ihr Gartentor demoliert. Nach-
barn haben den Vorfall beobachtet und die Polizei gerufen. Nun
sitzen Georg und seine Eltern in der Sprechstunde.

Im Gespräch ist Georg verschlossen. Er antwortet nur einsilbig
und ausweichend. Auf die Frage, ob er es als angemessen empfände,
wegen eines Streits in der Schule privates Eigentum zu zerstören,
zuckt er nur die Schultern und sagt, er habe sich eben ein bisschen
aufgeregt.

Georgs Vater steht vollkommen hinter seinem Sohn. Er werde
einen guten Anwalt nehmen, der seinen Sohn da schon wieder raus-
holen werde. Es sei nicht das erste Mal, dass er so etwas regele; da
habe er Erfahrung. Georg sei halt ein Wilder, aber ein bisschen über
die Stränge schlagen sei ja wohl noch gestattet.

Georgs Mutter sagt nicht viel. Sie sieht ängstlich und verstört
aus. Sie hat Sorge, was aus ihrem Sohn werden wird.

Was steckt dahinter? – Wut und Langeweile

Sachbeschädigung kann aus drei Gründen auftreten: Ein Kind
kann aus Versehen etwas kaputtmachen. Es kann im Affekt
seine Wut an irgendetwas auslassen und dabei fremdes Eigentum zerstören. Gelangweilte und frustrierte Kinder und Jugendliche beschädigen und verunstalten oft öffentliches Eigentum,
wenn sie sich unbeobachtet fühlen oder wenn sie das Gefühl
haben, dass sie niemand ernsthaft daran hindern wird.

Was tun? – Prinzip Wiedergutmachung

Bei Sachbeschädigung, egal aus welchem Grund, muss der
Schaden immer wieder gutgemacht werden. Dabei ist es am
günstigsten, wenn der Schaden direkt behoben wird – wenn
etwa ein zerstörter Schultisch repariert oder aber die Reparatur

vom eigenen Geld bezahlt wird – oder indirekt, wie etwa durch Hilfe beim Reinigen der Klassenräume.

Wenn ein Kind aus Versehen etwas kaputtmacht, sollte man es nicht bestrafen. So etwas kann jedem passieren. Man sollte das Kind aber dazu anhalten, sich bei dem Geschädigten zu entschuldigen und sich zu überlegen, wie es den Schaden beheben kann. Ein Fenster, das zu Bruch gegangen ist, werden nur die wenigsten Kinder von ihrem Taschengeld bezahlen können; dennoch wäre es angemessen, wenn das Kind zumindest einen Anteil übernimmt.

Bei Sachbeschädigung aus Wut gilt ebenfalls, dass das Kind sich entschuldigen, an der Wiedergutmachung beteiligt werden oder aber den Schaden insgesamt übernehmen sollen, notfalls in Raten. Diese Art der Wiedergutmachung sollte dem Kind durchaus »wehtun«, wie eine Taschengeldkürzung über eine bestimmte Zeit. Gleichzeitig muss aber auch gewährleistet sein, dass sich das Kind mit seiner Wut auseinander setzt. Es muss andere Verhaltensweisen erlernen, die es ihm ermöglichen, Sachbeschädigung zu vermeiden. Hier gilt es, drei Ziele zu verfolgen:

1. Das Kind muss lernen zu merken, wann es ihm »zu viel wird«. Manche Kinder merken schon das einfach nicht.

2. Wenn es merkt, dass die Wut kommt, muss es sich eine Auszeit nehmen und sich gegebenenfalls abreagieren können.

3. Es muss lernen, Konflikte auf andere Art und Weise zu lösen, etwa mit Hilfe der Friedensdose (siehe S. 77–79).

Bei mutwilliger und berechnender Sachbeschädigung ist besonders darauf zu achten, dass die Wiedergutmachung dem Schaden entspricht. Hier ist immer die direkte Methode (Beteiligung an der Reparatur) der indirekten vorzuziehen. Auch wenn Geldbußen für Jugendliche eine empfindliche Strafe darstellen können, sind sie doch eher etwas Abstraktes. In direkter Konsequenz zu spüren, wie viel Arbeit die Behebung des eigenen Fehlverhaltens verursacht, ist oft günstiger. Bei der Entrichtung von Geldbußen lernen Kinder und Jugendliche auch, dass man sich alles erlauben kann, wenn man nur hinterher dafür zahlt.

Jens (10) hat in der Wut seinem Zeltnachbarn Waldemar ein T-Shirt zerschnitten – es war das Lieblings-T-Shirt mit einem Band-Aufdruck, und jetzt sind nur noch Fetzen davon übrig. Jens wird zur Rede gestellt und gibt sich erst bockig, aber als er sieht, dass Waldemar den Tränen nahe ist, ist er doch betroffen. Er entschuldigt sich ernsthaft und verspricht, dass er Waldemar das T-Shirt ersetzen wird. Abends kommt er zu mir – er hat eine Idee. Er bittet mich um Farben, und dann zieht er sich für fast zwei Stunden in die Küche zurück. Wir sind alle sehr gespannt, als er wieder auftaucht. Stolz präsentiert Jens eines seiner eigenen T-Shirts, das er mit erstaunlichem Geschick bemalt hat. Waldemar ist fürs Erste versöhnt, und Jens hat sein Talent zum Malen entdeckt.

Andi (17) ist der Älteste in seinem neunten Schuljahr. Zum wiederholten Male hat er in zwei Papierkörben auf dem Schulhof Feuer gelegt. Mit Reden kommen die Erwachsenen nicht weiter, also wird Andi kurzerhand für einen Nachmittag dem Hausmeister übergeben, unter dessen Aufsicht er die Schäden beheben soll. Der Hausmeister ist ein sehr bodenständiger Mann mit viel Geduld, und so erklärt er Andi, wie er die Wand streichen muss, wie er die Papierkörbe entrußt und ausbeult und sie anschließend fachgerecht wieder anbringt. Gegen Abend ist Andi fix und fertig. Am nächsten Tag betrachtet er sein Werk regelrecht mit Stolz …

Schlagen, Treten, Beißen, Spucken ...

Was passiert? – *Fair play* ist ein Fremdwort

Jens ist zehn Jahre alt, aber seine Körpergröße lässt jetzt schon ahnen, dass er einmal mehr als einen Meter neunzig messen wird. Jens ist zum ersten Mal mit im Jugendzeltlager. Schon nach dem ersten Tag gehen die anderen Kinder auf Abstand: Jens kann offenbar »mit seiner Kraft nicht umgehen«. Er ist schnell gereizt, und wenn er einmal losprügelt, scheint er völlig außer Kontrolle zu geraten. Gleich am ersten Tag liegt ein anderes Kind, erheblich kleiner und dünner als er, am Boden, und Jens versucht, auf es einzutreten, bis er von zwei Betreuern weggeschleppt wird. Anschließend gibt sich Jens ganz cool: Die anderen sollten sich nicht so anstellen, so fest habe er gar nicht zugetreten etc.

Fürs Lagerfeuer abends sollen die Kinder Holz aus dem Wald holen. Jens ist dabei. Auf eine minimale Provokation hin rastet er aus, ergreift eine Axt und geht damit auf ein anderes Kind los. Dieses springt erschrocken zur Seite, und eine Sekunde später hat sich Jens mit der Axt selbst am Bein verletzt. Die Wunde ist nicht schlimm, blutet aber erheblich – auf der Fahrt ins Krankenhaus und auch später noch ist Jens sehr kleinlaut. Er ist selbst überrascht, wie weh die Verletzung tut. In den folgenden Tagen reicht ein Blick auf den Verband, um ihn zu besänftigen, wenn er sich wieder aufregen will.

Was steckt dahinter?

Spucken, Schlagen, Beißen und Treten sind Verhaltensweisen, die bei kleineren Kindern im Alter von zwei bis vier Jahren als Reaktion auf Frustration oder Aufregung praktiziert werden. Für Eltern ist es wichtig, diese Verhaltensweisen zu steuern, bevor sie entgleisen. Wenn sie auch nach dem Alter von vier Jahren fortgesetzt werden, wird das Kind unter Gleichaltrigen bald unbeliebt und sozial isoliert werden.

Was tun?

Zunächst einmal ist es wichtig, beim ersten Auftreten dieser unerwünschten Verhaltensweisen sofort zu reagieren. Einfache, deutliche Anweisungen wie »Kein Beißen!«, »Kein Treten!« etc. in bestimmtem Ton erweisen sich hier als hilfreich. Ist das Kind älter, erklärt man ihm deutlich, dass solche Verhaltensweisen nicht akzeptabel sind. Es wird dem Kind dargelegt, was passiert, wenn es das Verhalten weiterhin zeigt. Vielleicht ist es eine Auszeit, vielleicht Verlust eines Privilegs. Wichtig ist aber, dass die Konsequenzen mit dem Kind in einer ruhigen Minute, also wenn es gerade keinen Streit gibt, besprochen werden und dass das Kind genau weiß, was auf es zukommt. Negative Verhaltensweisen wie Prügeln können gemindert werden, wenn man mit dem Kind schrittweise alternative Verhaltensweisen einübt.

Zunächst beobachtet man, wann das Verhalten auftritt, und notiert auch die Zeiten. Wenn das Kind beispielsweise beißt, wenn es müde wird und zu viele andere im Raum sind, kann man darauf reagieren.

Ein Kind, das teilt, muss gelobt werden, oder wenn ein Kind sich zurückzieht, statt zu schlagen, erhält es ebenfalls eine Belohnung. Wenn kleinere Kinder erst lernen müssen, miteinander auszukommen, ist es wichtig, Regeln aufzustellen und auch Grenzen zu setzen. Wenn die Kinder friedlich zusammen spielen, kann man sie mit einer Belohnung wie mit Kuchen und Getränken überraschen.

Negative Konsequenzen gehören natürlich auch dazu, wenn Treten, Spucken, Beißen und Prügeln gemindert werden sollen:
1. Zunächst einmal kann man Situationen meiden, in denen es bekanntermaßen zu unangemessenem Verhalten kommt. Hat ein Kind immer dann Probleme, wenn es mit einem bestimmten anderen Kind alleine spielt, so wäre es günstig, wenn die beiden nicht zusammen spielen oder immer noch ein drittes Kind dabei ist.

2. Geht es um eine bestimmte unangemessene Verhaltensweise wie etwa das Bespucken anderer, kann man auch das Verhalten durch *overcorrection* ändern. Das heißt, auf das Fehlverhalten folgt immer dieselbe unangenehme Konsequenz, egal ob das Verhalten schwer oder gering ausgeprägt ist, und egal, aus welchen Gründen es gezeigt wird. Ein Mädchen, das auf Erwachsene spuckt, ließe man in diesem Falle sich die Zähne putzen, gurgeln und den Flur wischen, wo es hingespuckt hat.
3. Kann sich das Kind kontrollieren, muss es gelobt werden und sofort eine Belohnung erhalten. Aggressives Verhalten ist bei kleineren Kindern auch durch einen Punkteplan steuerbar.

Mobbing

Was passiert? – Was das Fass zum Überlaufen bringt

Frau S. aus B. ruft mich aufgeregt sonntags gegen 22 Uhr an. Ihre Stimme überschlägt sich: »Tamara geht nicht mehr zur Schule. Sie wird gemobbt.« Dann weint sie hilflos und erwartet einen Rat.

Als ich die Schule aufsuche, stehen Tamaras Schulfreundinnen tuschelnd auf dem Hof zusammen. Tamara wird aus der Klasse geholt. Sie geht in die Klasse 9. »Eigentlich kommt sie mit den Mädchen gut zurecht«, berichtet ihr Klassenlehrer. Die Jungen der Klasse mögen sie nicht. Sie nennen sie eine »Krawallschachtel«, die alle oft ordinär »anmache«. Ziemlich dick, mit einer Trainingshose bekleidet, die Bauch und Hüften frei lässt, auffällig geschminkt und mit lauter, derber Stimme betritt sie das Sprechzimmer. Der Klassenlehrer erläutert mir, dass es schon mehrmals Vorfälle gegeben habe: So wurde Tamaras Schultasche mehrfach mit Müll gefüllt, ihre Kleidung mutwillig beschmutzt und obszöne Zeichnungen über sie in Umlauf gebracht«. Das neueste Gerücht habe jedoch das »Fass zum Überlaufen gebracht«. So erzählt man sich in der Klasse, dass sie sich

regelmäßig mit einer Salatgurke befriedige. Am Freitag fand sie
dann eine Gurke unter ihrem Tisch …

Was steckt dahinter? – Mobbing in allen Schulen

Etwa zehn Prozent der Schulkinder sind nach eigenen Angaben regelmäßig der Gewalt durch Mitschüler oder Mitschülerinnen ausgesetzt. Im Durchschnitt leiden bis zu drei Prozent der Kinder pro Klasse unter Mobbing.

Mobbing gibt es in allen Schultypen. Es ist ein Problem, das beide Geschlechter betrifft, sowohl Jungen als auch Mädchen sind am Mobbing beteiligt. Sie sind sowohl Täter als auch Opfer. In der Regel mobben Jungen offensichtlicher als Mädchen, sodass wir meistens männliche Täter beobachten. Mobbing kommt aber genauso auch unter Mädchen vor. Mobbing ist ein aktuelles, aber kein neues Problem. Wahrscheinlich kann sich jeder aus seiner eigenen Schulzeit an Fälle erinnern, bei denen Klassenkameraden systematisch »fertig gemacht« wurden. Schon Anfang des 20. Jahrhunderts wurde das Verhalten von Kindern in Gruppen beobachtet und analysiert. Damals kam man zu dem Schluss, es sei ein natürlicher Prozess, dass in Gruppen, die längere Zeit zusammen sind, eine Hackordnung entsteht. Einige geben den Ton an, die anderen gehorchen, die untersten haben nichts zu sagen und werden gequält – das Gleiche beobachtet man bei Tieren. Entsprechend hielt man ein solches Verhalten für normal. Heute gelten höhere pädagogische Ansprüche, weil man Gewalt in der Schule nicht als natürliches Verhalten ansieht.

Was ist Mobbing?

Der bekannte norwegische Gewaltforscher Dan Olweus (1996) spricht von Mobbing, wenn Schüler »wiederholt und über einen längeren Zeitraum den **negativen Handlungen** eines oder mehrerer anderer Schüler oder Schülerinnen ausgesetzt sind«.

Solche typischen negativen Handlungen sind:
- Hänseln, lächerlich machen, herabwürdigen, verspotten, beschimpfen, schikanieren,
- körperlich bedrohen,
- aus der Gruppe ausschließen, Bedürfnisse ignorieren, zum Sündenbock machen,
- schlagen, schubsen, kneifen, mit Gegenständen bewerfen,
- Sachen verstecken, wegnehmen oder beschädigen.

Mobbing bleibt in der Regel noch unter der Schwelle zur Straftat. Es ist ein Prozess: Zunächst wird jemand ausgesucht und geärgert. Fühlen sich die Mobber durch die Reaktion des Kindes überlegen oder belustigt, so werden sie es wieder ärgern – in der Regel etwas heftiger als beim ersten Mal. Eine solche »provozierende« Reaktion des Opfers kann sein, dass sich das Kind nicht wehrt, dass es errötet oder zu weinen beginnt, dass es sich aufregt oder Angst zeigt. Die Mobber wissen nun, dass sie das »richtige« Opfer ausgesucht haben. Von diesem Kind haben sie nichts zu befürchten.

Das Mobbing hat für die Mobber also nur positive Konsequenzen: Sie fühlen sich »cool«, machtvoll und amüsiert. Also werden sie das Kind erneut ärgern. Dieses wird sich wieder nicht zu helfen wissen. Ein Teufelskreis beginnt.

Opfer und Täter

Nur in seltenen Fällen suchen die gemobbten Kinder Unterstützung oder vertrauen sich einem Erwachsenen an. Je länger das Mobbing dauert, desto schwieriger wird es für das Kind, sich aus seiner Opferrolle zu befreien.

Fatalerweise tritt beim Mobbing häufig ein Gewöhnungseffekt auf, bei Tätern wie bei Opfern. Dies führt zu einer veränderten Wahrnehmung. Das Mobbing gegen das Kind wird für weniger schlimm gehalten, weil »das schon immer so gemacht wird«. Auch für die beobachtenden Lehrer kann es so aussehen, als sei das Verhalten der Kinder gar nicht so schlimm, als gehöre es zum normalen Umgang. Die Opfer verlieren unter Umständen mit der Zeit das Gefühl, dass ihnen Unrecht geschieht – sie werden passiv und nehmen das Mobbing als unabänderlich hin.

Das Ansehen des Opfers sinkt mit andauerndem Mobbing immer weiter. »Es muss ein wertloser Mensch sein, der so behandelt wird und der sich so etwas gefallen lässt.« Es geht sogar so weit, dass ihm die Schuld dafür gegeben wird. Nicht selten wird die Meinung vertreten, das Opfer verdiene diese Behandlung und fordere sogar dazu auf. Eine solche Wahrnehmung soll die Schuldgefühle der Mobber, aber auch die der Beobachter reduzieren.

Die Opfer sind in der Tat körperlich schwächer, sind ängstlich, ruhig und passiv. Ihr Selbstvertrauen ist gering und sie haben ein negatives Bild von sich, also ein geringes Selbstwertgefühl. Alle Merkmale sind sowohl Ursache als auch Folge des Mobbings.

Eine amerikanische Studie ergab, dass Kinder, die ihr Leben lang gemobbt wurden, auf der einen Seite sehr intelligent, sensibel und kreativ waren, aber auf der anderen Seite als nicht sehr humorvoll galten. Sie konnten keine »fünf gerade sein lassen« und waren unfähig, auch einmal eine »Leck-mich-am-A...«-Einstellung zu zeigen. Sie hatten eine gute Beziehung zu ihren Eltern, galten jedoch als übermäßig ernsthaft.

Die Mehrzahl der Kinder sind nur einmalige Mobbingopfer. Sie sind zufällig zur falschen Zeit am falschen Ort.

Das Kind braucht seine Eltern als Hilfe gegen das Mobbing und zur Stärkung seines verletzten Selbstbewusstseins. Viele der gemobbten Kinder haben ein gutes und enges Verhältnis zu ihren Eltern. Die Eltern stellen für sie eine Unterstützung bei Konflikten dar. Oftmals gelingt es mit Hilfe der Eltern, die Situation in der Schule für das Kind erträglich zu machen.

Bedauerlicherweise wenden sich aber auch viele Kinder nicht oder erst spät an ihre Eltern, selbst wenn sie sehr unter ihren Mitschülern leiden; manche stehen deutlich unter Stress, erfinden ihren Eltern gegenüber aber immer wieder Ausreden, um diese nicht zu beunruhigen.

Es ist immer wieder erstaunlich, wie blind die Eltern zu sein scheinen. Mit Sicherheit spielt die Einstellung der Eltern eine wichtige Rolle dabei, wenn die Kinder sich wenig Hilfe von ihren Eltern erhoffen. Vertrauen darauf, von den Eltern Unterstützung zu erfahren, ist wichtig, damit sich das Kind bei ihnen Hilfe holt.

Viele aggressive Kinder haben ein aggressives Vorbild. Gewalt gehört zu ihrem Alltag. Der sozioökonomische Status – das heißt, wie wohlhabend die Eltern der Kinder sind – ist sowohl bei den Opfern als auch bei den Tätern relativ unerheblich. Materieller Wohlstand und Beruf der Eltern sagen wenig über die Qualität ihrer Erziehung aus.

Die Folgen

Mobbing unter Kindern und Jugendlichen ist keine Kinderei, sondern eine ernst zu nehmende Form der Gewalt, die beträchtliche psychische und physische Schäden verursacht. Ein Mensch, der gemobbt wird, befindet sich in einer nahezu aussichtslosen Situation. Er hat jeden Tag Angst und weiß nicht, wie er diesem Zustand entkommen kann.

Da das Mobbing häufig von den Eltern und den Lehrern nicht ernst genommen wird und somit keine richtige Hilfe von ihnen zu erwarten ist, muss das Kind einen Weg finden, seinen Alltag zu bestreiten.

Das ohnehin ängstliche und wenig selbstbewusste Kind, das eben auch Gefahr läuft, zum Mobbingopfer zu werden, wird sich nicht mit Vehemenz für seine Belange einsetzen können. Viele dieser Kinder reagieren mit psychosomatischen Beschwerden, um nicht in die Schule gehen zu müssen. Meistens haben sie Kopf- oder Bauchschmerzen. Sie klagen besonders abends, wenn sie an den nächsten Schultag denken, über körperliche Beschwerden. Viele Kinder haben morgens, bevor sie in die Schule gehen, Durchfall oder müssen sich übergeben. In besonders gravierenden Situationen kann es auch zu Schwindel- oder Taubheitsgefühlen kommen, für die sich keine körperliche Erklärung finden lässt.

Diese Kinder simulieren nicht, das heißt, sie denken sich die Beschwerden nicht aus. Am Morgen vor der Schule haben diese Kinder wirklich Kopfschmerzen, ihre Übelkeit und ihr Erbrechen sind real. Sie drücken ihre Angst körperlich aus. Erfahrungsgemäß haben die Eltern mehr Verständnis, wenn ihr Kind krank ist, als wenn es vor etwas Angst hat. Wenn bekannt ist, dass es in der Schule Konflikte gibt, werden die Kinder häufig trotz körperlicher Beschwerden in die Schule geschickt. Vielleicht hat eine Aussprache in der Schule stattgefunden, und aus der Sicht der Erwachsenen ist die Situation bereinigt.

Ist der Druck vom Elternhaus groß, weil die Eltern erwarten, dass ihr Kind sich der Situation stellt und in der Schule mit den anderen zurechtkommt, obwohl es die Situation immer noch als sehr bedrohlich einschätzt, wird das Kind möglicherweise die Schule schwänzen. In schlimmeren Fällen besteht auch die Gefahr, dass das Kind wegläuft oder sogar einen Selbstmord(versuch) unternimmt.

Neben den gesundheitlichen und seelischen Schäden hat eine Mobbingsituation auch negative Auswirkungen auf das Leistungsverhalten des Kindes. Ein gut begabtes Kind bleibt unter seinen Leistungsmöglichkeiten, wenn es sich in der Klasse nicht zu äußern wagt, wenn es durch ständige Angst unter Stress steht und sich nicht konzentrieren kann. Der »Superstreber«, der durch die Hänseleien zu Höchstleistungen beflügelt wird, ist die Ausnahme. In der Regel sinken die Leistungen der Kinder ab.

Ein plötzlicher Einbruch der Leistungen kann sogar ein Hinweis auf mögliches Mobbing sein. Für so manches Kind mag die Aussicht, sitzen zu bleiben und so aus der verhassten Klasse herauszukommen, wie eine Erlösung erscheinen.

Mobbing ist aber nicht nur eine momentane Belastung und Bedrohung für das Kind, es hat auch für einen Teil der Kinder längerfristige Folgen. Gerade in der Kindheit und der Jugend werden die Weichen für die spätere psychische Gesundheit gestellt.

Ein Mensch, der schon früh lang andauernde Ablehnung erfährt, der sich immer als minderwertig erlebt und der keine zufrieden stellenden sozialen Beziehungen zu Gleichaltrigen hat, wird auch als Erwachsener noch unter diesen Erfahrungen leiden. Häufig kommt es zu chronischen psychosomatischen Erkrankungen und manchmal auch zu selbstverletzendem Verhalten, etwa zu unwillkürlichem Aufkratzen von Hautpartien, dem Ausreißen von Haaren oder Nägelkauen.

Mobbing ist gerade für Heranwachsende besonders schlimm. Beim Übergang von der Kindheit in das Jugendalter verändert sich die Bezugsgruppe eines Menschen. Für das Kind sind die Eltern die entscheidenden Personen. Ein Jugendlicher möchte jedoch auch von Gleichaltrigen akzeptiert werden und dazugehören. Selbst das beste Verhältnis zu den Eltern kann das nicht ersetzen.

Kommt es gerade in dieser wichtigen Entwicklungsphase zu Ausgrenzung und Isolation durch die Gleichaltrigen, werden grundlegende Erfahrungen für die Persönlichkeitsentwicklung, die Identitätsfindung, die Konflikt- und Bindungsfähigkeit nicht gemacht. Gemobbte Jugendliche entwickeln sich nicht selten zu einsamen, psychisch kranken Erwachsenen. Sie können wegen der fehlenden positiven sozialen Erfahrungen ihre Situation später nur schwer durchbrechen, sodass sie auch nach der Schulzeit meistens keine Freunde finden.

Dies erklärt, warum ein Mobbingopfer immer wieder Gefahr läuft, auch in einem anderen sozialen Kontext zum Außenseiter zu werden. Chronische Ausgrenzung durch die Altersgruppe kann langfristig zu problematischen Berufslaufbahnen, instabilen Partnerbeziehungen und Kriminalität führen.

Was tun? – Sofortmaßnahmen für die Opfer

Die Hilfe für die Opfer besteht aus mehreren Schritten. Unverzügliches Eingreifen stellt den ersten Schritt dar. Es besteht aus:

- einem Gespräch mit dem Opfer,
- einem Gespräch mit dem Täter oder den Tätern
- und einem gemeinsamen Gespräch.

Oft ist es sinnvoll, die Eltern der Kinder mit einzubeziehen. Erstes Ziel ist es, das Mobbing gegen das Kind sofort zu beenden. Ein weiteres Ziel ist, die Situation für das Opfer so zu verändern, dass es nicht zu erneutem Mobbing kommt.

Wenn man das Gespräch mit dem Opfer sucht, kann man ihm zunächst mitteilen, dass man vermutet bzw. weiß, dass es ihm in der Klasse nicht gut ergeht. Bei einem solchen Gespräch ist es wichtig, sehr einfühlsam, aber klar vorzugehen. Man sollte dem Kind deutlich machen, dass es nicht in Ordnung ist, was mit ihm geschieht, und dass man ihm helfen wird. Man sollte sich jedoch darauf einstellen, dass das Kind nicht immer sofort den Verdacht bestätigt und dankbar auf ein Hilfsangebot reagiert.

Man sollte sich ruhig und besonnen des Problems annehmen. Man sollte sich so viel Zeit zugestehen, wie man braucht, um über den Vorfall nachzudenken und die nächsten Schritte zu überlegen.

Es ist nicht verkehrt, Übeltäter und Opfer miteinander zu konfrontieren. Versteht der Mobber, dass das Opfer seine Anschuldigungen vor einer Autoritätsperson wiederholen wird, dann hat er seine beste Waffe verloren – das Schweigen des Opfers. Oft ist das Opfer sehr überrascht, wenn es merkt, wie feige der Mobber sein kann. In einem gemeinsamen Gespräch mit den Eltern des Opfers und denen des Beschuldigten gelingt es ihnen ziemlich häufig, das Problem auf ihre Art und Weise ganz friedlich aus der Welt zu schaffen, wenn sie sich gegenüberstehen. Die Lösungsvorschläge müssen nicht immer von Seiten der Schule kommen.

Eine Bitte an Mütter und Väter: Sie sollten Ihr Kind nicht zu Hause behalten, bis alles geklärt ist. Das Opfer muss in die Schule gehen. Wenn man das Kind nur zu Hause behält, klärt sich nichts. Die Täter können vielmehr die Abwesenheit des Opfers nutzen, weiter Front gegen das Kind zu machen. Die Eltern sollten, wenn nötig, mit in die Schule gehen und die Angelegenheit mit allen Beteiligten persönlich besprechen. Kann ein solches Treffen nicht in den nächsten Tagen stattfinden, sollte das Opfer trotzdem zur Schule gehen. Natürlich muss gewährleistet werden, dass das Kind geschützt wird und nicht weiteren Schikanen ausgesetzt ist. Man sollte das Kind ermutigen, sich dieser schwierigen Situation zu stellen. Nur so kann es die Erfahrung machen, dass es Hilfe bekommt und unterstützt wird.

Zum unverzüglichen Eingreifen gehört, dass die Lehrkraft ein Gespräch mit dem Täter über das Mobbing führt.

Die Mobber: Ausreden gelten nicht!
Wenn man ein Kind, dass andere mobbt, zur Rede stellt, wird man immer wieder auf Ausreden treffen. Diese sollte man erkennen und nicht gelten lassen. Es ist wichtig, dem Kind deutlich zu machen, dass sein gewalttätiges Verhalten nicht toleriert wird.

Häufige Ausreden:
- »Es war doch nur ein Witz« ist ein Satz, den man oft hört – gemurmelt von den Mobbern und ihren Komplizen. Jeman-

dem ein Bein zu stellen, ihm sein Eigentum wegzunehmen, ihn zu schlagen oder in eine Ecke zu schubsen – das sind schlechte Witze, über die niemand lachen kann.

- »Wir haben doch nur gespielt.« Eine sehr schlechte Entschuldigung dafür, jemanden zu misshandeln und zum Weinen zu bringen.
- »Es war ein Unfall.« Das Opfer landet auf dem Boden, die Kleider sind schmutzig oder sogar zerrissen, sein Hab und Gut ist überall verstreut. Ein »Unfall« ist eine sehr dürftige Erklärung für solches Ungemach.
- »Ich hab's gefunden« ist nur wieder eine weitere Ausrede bei Fällen, in denen ein Kind das Eigentum eines anderen, zum Beispiel Geld, im Besitz hat. Wenn manche Mobber wüssten, wie oft man diese Ausrede bereits gehört hat und wie dumm sie sich anhört, dann würden sie sie nicht länger benutzen. Man wird den Mobber vielleicht nicht überzeugen, ihn aber auf jeden Fall fragen: »Warum hast du das Geld behalten?«
- »Ich hab's doch nur geborgt.« Hört man von jemandem, der gemobbt hat, die Wörter »nur« oder »bloß«, sollte man sie auf keinen Fall akzeptieren. Es heißt eindeutig: »Ich habe ihn geschubst« oder »Ich habe das Geld genommen«, nicht »Ich habe ihn nur ein bisschen geschubst« oder »Ich habe das Geld bloß genommen, um zu sehen, was er sagen würde«. Man sollte den Mobbern nicht erlauben, ihr Verhalten durch ihre Wortwahl zu verharmlosen.

Warnsignale für Mobbing in der Schule: Was Lehrkräfte nicht übersehen sollten

Mobbing kann man sehen. Auch wenn die Quälereien meist nicht direkt vor den Augen der Erwachsenen passieren, gibt es doch Anzeichen, für die man sich sensibilisieren sollte. Sie können darauf hinweisen, dass Mobbing vorliegt.

Das Kind oder der Jugendliche…
- ist Außenseiter,
- hat keine Freundschaften in der Klasse und ist meistens allein,
- bleibt beim Mannschaftenwählen meistens übrig,
- sucht die Nähe der Lehrkraft,
- verpetzt andere bei den Lehrkräften,
- trägt einen herabwürdigenden Spitznamen,
- wird häufig herumkommandiert,
- ist Zielscheibe von Witzen,
- wird provoziert und so in Konflikte und Auseinandersetzungen hineingezogen,
- sucht häufig seine Sachen oder muss sie vom Boden aufsammeln,
- hat Verletzungen wie Kratzer und Prellungen,
- hat Schwierigkeiten, sich vor der Klasse zu äußern,
- wirkt unsicher, ängstlich und traurig,
- verschlechtert sich in seinen Noten,
- besucht sehr unregelmäßig die Schule, kommt einen Tag, bleibt zwei Tage zu Hause, kommt wieder für einige Tage, fehlt danach wieder usw.,
- schwänzt die Schule.

Warnsignale für die Eltern
Auch den Eltern können Dinge auffallen, die auf Mobbing hinweisen. Möglicherweise berichten sie davon in einem Elterngespräch.

Das Kind oder der Jugendliche…
- hat keine Freunde,
- trifft sich nicht mit Klassenkameraden oder Gleichaltrigen, bringt niemanden mit nach Hause und besucht auch keinen,
- möchte nicht in die Schule gehen,

- klagt vor der Schule über Appetitlosigkeit, Übelkeit, Kopf- oder Bauchschmerzen,
- schläft schlecht und hat Alpträume,
- fängt plötzlich an, ins Bett zu machen,
- wirkt traurig, ängstlich und deprimiert,
- ist reizbar und zeigt unerwartete Stimmungswechsel,
- möchte nicht alleine zur Schule gehen, sondern gebracht werden,
- wählt einen »unlogischen« Schulweg,
- kommt mit zerrissenen Sachen nach Hause,
- hat Verletzungen, für die es keine plausible Erklärung gibt,
- verlangt zusätzliches Geld oder stiehlt es, um sich freizu- kaufen,
- schwänzt die Schule,
- denkt sich unwahrscheinliche Erklärungen für die genann- ten Verhaltensweisen aus,
- weigert sich zu erzählen, was in der Schule los ist.

Stolpersteine
Häufige ungünstige Reaktionen der Eltern auf Mobbing sind:
- **Du musst dich wehren und dir nicht alles gefallen lassen!** Könnte sich das Kind angemessen gegen seine Mobber weh- ren, würde es den Teufelskreis unterbrechen. Leider weiß es meistens nicht, wie es dies tun soll.
- **Schlag zurück!** Dies ist der häufigste Rat, den Eltern ihren Kindern geben. Sie übersehen, dass ihr Kind den anderen in der Regel körperlich unterlegen ist.
- **Die werden dich schon nicht ohne Grund geärgert haben!** Natürlich ist es auch sinnvoll, bei dem eigenen Kind einen An- teil bei Konflikten zu sehen. Vielleicht hat es sich wirklich un- klug verhalten. Aber seine Peiniger wird es durch diese Einsicht nicht loswerden. Im Gegenteil, das Kind kommt auf diese Wei- se zu der Überzeugung, die anderen dürften es so behandeln.

- **Am besten gehst du denen aus dem Weg!** Dies wird das Kind mit Sicherheit schon versucht haben. Es klingt einfach, ist aber unmöglich – es sei denn, das Kind würde die Schule schwänzen.
- **Das gibt sich von selbst, warte nur ab.** Auch dies ist ein bequemer, gut gemeinter Rat, der dem Kind überhaupt nicht weiterhilft. Abwarten bedeutet, passiv zu bleiben, also ein Opfer zu bleiben.

Diese Reaktionen sind nicht nur wenig hilfreich, sondern sogar eine weitere Attacke auf das ohnehin beschädigte Selbstbewusstsein des Opfers.

Drei Wochen nach Beginn des neuen Schuljahres ruft mich eine Mutter an: Ihre Tochter Anja (9) sei auf einmal ausgegrenzt, ihre beiden Freundinnen wollten plötzlich nichts mehr von ihr wissen, spielten auf dem Schulhof nicht mit ihr und weigerten sich, sich neben sie zu setzen; sie hätten sogar die anderen Mädchen der Klasse angestiftet, sodass Anja nun allein sitze. Anja sei darüber sehr unglücklich; sie erzähle, dass die anderen beiden über sie redeten und dass sie das Gefühl habe, die anderen Mädchen wollten ausprobieren, wie sie reagiert. Sie gehe jetzt jeden Tag mit zusammengebissenen Zähnen zur Schule, aber auf Dauer sei das kein Zustand. Ich empfehle ihr, mit der Lehrerin zu sprechen.

Gemeinsam vereinbaren Mutter und Klassenlehrerin, dass das Thema in der Klasse besprochen werden soll. Das Ergebnis ist erstaunlich. Die Mädchen drucksen herum und suchen Ausflüchte. Die Jungen der Klasse haben dagegen gar nichts von der Situation mitbekommen – und sind völlig entsetzt, dass man so etwas mit voller Absicht machen kann. Die beiden Freundinnen geben zu, dass sie auf Anja herumgehackt haben und dass das nicht in Ordnung war. Von da an ist von Mobbing nicht mehr die Rede; Anja wird innerhalb weniger Tage wieder ganz normal behandelt.

Geschwisterrivalität

Und willst du nicht mein Bruder sein …

Familie O. hat Nachwuchs bekommen. Felix (3) ist über seinen kleinen Bruder Finn nicht besonders erbaut. Als er das Kind zum ersten Mal im Krankenhaus sieht, äußert er: »Der ist aber hässlich, den will ich nicht. Ich will lieber eine Schwester.« Zu Hause musste er in seinem Zimmer Platz machen für das Kinderbettchen. Misstrauisch beobachtet er alles, was passiert. Seit Finn da ist, schläft Felix nachts wieder mit Schnuller. Er ist eigentlich sprachlich recht gewandt und kennt viele Wörter, aber jetzt spricht er kaum noch und in einer Babysprache, die seiner Mutter auf die Nerven geht. »Sprich anständig!« Dann heult er meist. Wenn seine Mutter Finn gerade wickelt oder füttert, schreit Felix oft laut: »Mama! Komm mal ganz schnell her!« Meist ist dann gar nichts Besonderes. Die Mutter schimpft: »Jetzt nicht! Du siehst doch, dass ich den Kleinen füttere!« Immer wieder sagt Felix Dinge, die die Mutter beunruhigen: »Wenn ihr nicht aufpasst, werfe ich ihn aus dem Fenster!« Deshalb schickt sie ihn meistens weg, wenn sie sich mit Finn beschäftigt. Inzwischen überlegt sie, ob sie das Kinderbett nicht besser in ihr Schlafzimmer nehmen soll. Als Felix davon hört, schreit und tobt er. »Der darf ins Schlafzimmer! Und mich hast du gar nicht mehr lieb!«

Was steckt dahinter? – Angst, zu kurz zu kommen

Häufig haben Eltern romantische Vorstellungen darüber, mit welcher Begeisterung ein Baby in der Familie – und vor allem bei seinen Geschwistern – aufgenommen wird. Zunächst einmal stehen die älteren Geschwister einem Baby meist positiv gegenüber. Sie »verplanen« das Kind oft schon auf unrealistische Weise, wollen mit ihm spielen und ihm Dinge beibringen, die sie gut können. In der Praxis aber entstehen in vielen Familien Probleme.

Zum einen ist für ältere Kinder das jüngere Geschwisterkind

mit Verboten belegt. Man darf es nicht anfassen, man darf nicht laut sein, wenn es schläft, und man darf nichts von dem leckeren Brei essen, den es bekommt. Zum anderen erfordert das Baby gerade in der Anfangsphase viel Aufmerksamkeit und Zuwendung. Das bedeutet unter Umständen, dass die Mutter – oder die Eltern – weniger Zeit haben für die älteren Geschwister. Die Mutter kann also, ohne dass sie das bewusst einsetzt, dem älteren Kind nicht so viel Zuwendung geben wie zuvor. Schon allein dies kann zu Rivalitäten unter Geschwistern führen.

Häufig kann man auch bei Kindern beobachten, dass sie bei der Ankunft eines neuen Geschwisters in kindliche Verhaltensweisen regredieren: Sie lutschen wieder am Daumen, trinken aus der Flasche und machen auch nachts ins Bett. Sie erhoffen sich dieselbe Behandlung und wünschen, dass man sich genauso um sie kümmert wie um das Baby. Meist ist natürlich das Gegenteil der Fall: Die Eltern reagieren ungehalten, weil sich das ältere Kind so anstellt und ihnen zusätzliche Arbeit macht.

Es kann auch zu Rivalitäten in Bezug auf Eigentum kommen. Die Größeren erklären kategorisch, dass das Kleine nicht mit *ihren* Spielsachen spielen darf und auch *ihre* Kuscheldecke nicht bekommt, oder sie achten peinlichst genau darauf, dass sie dieselben Sachen bekommen wie das Geschwisterkind – auch wenn sie eigentlich viel zu alt sind für Babyspielzeug. Werden diese Wünsche nicht erfüllt, kommt es zu Wutanfällen und Drohungen gegenüber dem Baby oder den Eltern.

Natürlich kommt es auch zu Auseinandersetzungen über die Rangposition in der Familie. Das ältere Kind beschwert sich, dass sich immer alle nur um das Baby kümmern. In Extremfällen macht es absichtlich Schwierigkeiten, um wieder im Mittelpunkt der Aufmerksamkeit zu stehen – es klagt über Schmerzen, gerät ständig in Streitereien oder läuft sogar weg.

Was tun? – Geschwister beteiligen

Ist nur ein Kind in der Familie, und es wird ein Bruder oder eine Schwester erwartet, ist es wichtig, das Kind auf das Baby vorzubereiten. Das Kind muss sich darauf einstellen können, dass es sich die Mutter jetzt mit dem neuen Geschwister teilen muss.

Bei Altersunterschieden von über drei Jahren stellt sich das Verhältnis oft weniger schwierig dar, weil das ältere Kind dann meist bereits intensivere Beziehungen zu anderen Kindern und Bezugsgruppen aufgebaut hat und nicht mehr nur auf die Zuwendung der Mutter angewiesen ist.

Um Problemen aus dem Weg zu gehen, empfiehlt sich für Mütter, im Vorfeld das ältere Kind zu beteiligen: Man erzählt dem Kind möglichst alles über das neue Baby. Man bezieht es in alle Vorbereitungen ein, die man selbst trifft. Man kann es den Herzschlag des Babys hören lassen und ihm erzählen, wie das früher war, als es selbst auf die Welt gekommen ist. Viele Kinder freuen sich, wenn sie um Rat gefragt werden – etwa, welche Decke das neue Geschwisterkind bekommen soll, was für Vorhänge, was für Kuscheltiere angeschafft werden. Bevor das Baby kommt, versucht man die Geschwister in andere Aktivitäten zu integrieren. So kann zum Beispiel die Teilnahme an einem Sportverein oder der Besuch einer Bastelgruppe (an der die Mutter dann natürlich nicht teilnimmt) eine Hilfe sein.

Ist das Baby da, sollte man es nicht »unter Verschluss« halten, sondern dem älteren Geschwister erlauben, bei der Versorgung zu helfen. Man überträgt ihm auch schon in den ersten Wochen Verantwortung und lässt es manche Dinge für das Baby erledigen, wobei es natürlich unter Beobachtung bleiben muss. So kann der 3-jährige Bruder das Fläschchen festhalten, wenn die kleine Schwester daraus trinkt, nach dem Baden beim Abtrocknen helfen und beim Spazierengehen den Kinderwagen mit schieben.

Gemeinsame Kuschelstunden können das Verhältnis zwischen den Geschwistern erheblich verbessern. Wichtig ist in jedem Fall, dass man auch Zeit für die älteren Geschwister reserviert. Man richtet sich diese Zeit bewusst ein und ist nicht dauernd mit dem neuen Baby beschäftigt, weil man sonst sehr schnell ein Eifersuchtsverhalten provoziert.

Christine ist zwei Jahre alt, als ihr Bruder auf die Welt kommt. Die Eltern machen sich etwas Sorgen, weil sie fürchten, dass ihr Prinzesschen vielleicht ungehalten darauf reagiert, nicht mehr allein im Mittelpunkt zu stehen. Aber die Sorgen erweisen sich als unbegründet: Christine erklärt entschlossen, ihr Bruder sei ein bisschen auch ihr Baby. Stundenlang beobachtet sie die täglichen Verrichtungen und ist fasziniert von seinen Reaktionen. Jeden Morgen geht sie als Erstes in das Kinderzimmer und schaut, was ihr Baby macht. Auch später noch, als Christine längst nicht mehr größer ist als ihr kleiner Bruder, bleibt das Verhältnis zwischen den beiden gut.

Bei älteren Kindern verändern sich die Probleme. Schwierig wird es zum Beispiel, wenn ein Kind besser in der Schule ist als das andere und von den Eltern als leuchtendes Vorbild hingestellt wird. Grundsätzlich vergleicht man die Kinder nicht miteinander. Ein Kind, das empfindet, es sei weniger wert als das Geschwisterkind, wird sich nicht mehr sehr bemühen. Vergleiche verstärken die Rivalität. Stattdessen benutzt man Lob: Lob eignet sich bestens, die Motivation zu vergrößern. Man lobt beispielsweise Schulergebnisse niemals im Vergleich zu dem anderen Geschwisterkind. Man formuliert folgendermaßen: »Martin, ich habe mich gefreut, dass du heute in Mathematik eine Drei geschrieben hast und dich so insgesamt auf eine Drei verbessern konntest« – auch wenn das Geschwisterkind vielleicht in Mathematik mühelos auf »Sehr gut« steht.

Wettstreit zwischen Geschwistern sollte nach Möglichkeit vermieden werden. Auch wenn Kinder einander verpetzen, sollte das nicht gefördert werden. Loben oder begünstigen Sie ein Kind niemals dafür, dass es petzt.

Schon mit kleinen Kindern sollte besprochen werden:

- Kein Mensch ist dumm, weil er etwas nicht kann. Was man nicht kann, kann man lernen und üben.
- Jeder hat sein Spezialgebiet – die eine kann gut turnen, der andere erzählt schöne Geschichten. Es gibt kein »Besser« und »Schlechter« bei den Talenten der Kinder.
- Manche Unterschiede sind altersbedingt – wenn ein größeres Kind etwas besser kann als sein kleines Geschwisterkind, ist das kein Wunder und daher auch kein Grund, den anderen zu verspotten.

Es ist unrealistisch, dass in einer Familie alle Kinder völlig gleich behandelt werden. Das ist kaum zu leisten. Oft haben aber die Ältesten nicht ganz zu Unrecht den Eindruck, dass sie selbst viel strenger gehalten wurden als ihre jüngeren Geschwister. Viele sagen von sich selbst, dass sie sich mühsam die Privilegien erkämpfen mussten, die bei ihren Geschwistern gar nicht mehr zur Diskussion standen. Die Ältesten setzen sich durch und räumen so den Jüngeren Schwierigkeiten aus dem Weg – die Grundlage für endlose Diskussionen bis ins Erwachsenenalter hinein.

Mona ist zwei Jahre älter als ihre Schwester Evelyn und darf deshalb etwas länger aufbleiben – das ist eine logische Regel, die Kinder einsehen und akzeptieren können (auch wenn sie sich häufig dagegen auflehnen). Wenn man Regeln aufstellt und Privilegien erteilt, die sich am Alter und am Geschlecht des Kindes orientieren, ist es unter Umständen ratsam, sich solche Regelungen zu notieren. Gerade bei materiellen Zuwendungen wie Taschengeld ist es günstig, wenn es feste Regeln gibt, ab welchem Alter ein Kind wie viel Geld bekommt bzw. durch welche Tätigkeiten in Haus und Garten es wie viel verdienen kann.

Manche Eltern stellen an ihre Kinder den Anspruch, dass sie sich gegenseitig lieben *müssen*. Wenn sich eine Abneigung zwischen den Geschwistern zeigt, reagieren sie enttäuscht und verbittert. Es ist für Kinder (wie auch für Erwachsene) oftmals eine Hilfe und bewahrt sie vor großen Schuldgefühlen, wenn ihnen klar ist, dass man nicht jeden Menschen automatisch lieben kann – auch dann nicht, wenn man zufällig verwandt ist. Deshalb ist es auch unrealistisch, Geschwister*liebe* zu erwarten. Anders ausgedrückt bedeutet das aber auch, dass man seinen Bruder oder seine Schwester lieb haben kann, obwohl er oder sie bestimmte Dinge nicht so macht, wie man das möchte.

Was man in einer Familie erwarten kann und worauf man achten muss, ist ein respektvoller Umgang miteinander. Dafür müssen oft Regeln aufgestellt werden.

Stellen Sie diese Regeln auf. Egal wie alt Ihr Kind ist, es muss die Regeln kennen, die im Haus gelten. Das Verhalten, das gegenüber seinen Geschwistern erwartet wird, sollte genau formuliert werden. Manchmal ist es auch wichtig, Regeln für die älteren Geschwister schriftlich festzuhalten.

Was das ältere Kind unterlassen sollte	Was es tun kann
• Schlagen und Schubsen von Bruder und Schwester	• Probleme zu lösen versuchen
• Schimpfwörtergebrauch	• ignorieren
• den Raum eines anderen Geschwisters ohne Erlaubnis betreten	• nach Unterstützung der Eltern fragen
• Dinge entleihen, ohne zu fragen	• um Erlaubnis bitten

Da es immer wieder zu Streit unter Geschwistern und unter Gleichaltrigen kommt, brauchen Kinder Modelle, wie sie mit Konflikten umgehen können. Auf der einen Seite versucht man als Elternteil selbst Modell zu sein: Man spricht auch im Streit mit ruhiger Stimme, lässt andere ausreden, macht Vorschläge zur Wiedergutmachung etc. Da es aber auch für Erwachsene ausgesprochen schwierig ist, im Konflikt ruhig zu bleiben und sich mustergültig zu verhalten, ist es oft sinnvoll, für den Streit in der Familie feste Regeln und Rituale einzuführen. So kann man einen so genannten Familienrat einführen oder Konflikte mit Hilfe der erwähnten »Friedensdose« lösen.

Bei akuten Auseinandersetzungen wird die Auszeitmethode eingesetzt. Dabei werden alle Kinder gleich behandelt. Wird bei einem Streit ein Time-out fällig, bekommen beide Geschwister die Auszeit. Jedes absolviert diese an einem anderen Ort.

Wenn dagegen ein Kind problemlos mit einem jüngeren kooperiert, wenn es Verantwortung übernimmt, das Jüngere beschützt und betreut, so sollte es für sein positives Verhalten besonders gelobt werden.

ANHANG

Sofortmaßnahmen gegen Stress

Eltern und Lehrkräfte, die mit anstrengenden, schwierigen Kindern und Jugendlichen umgehen müssen, stehen unter dauerhaftem Stress. Sie fühlen sich oft ausgelaugt, hilflos und überfordert und reagieren selbst gereizt und aggressiv. Im Folgenden finden Sie eine Reihe von Übungen und Maßnahmen zur Stressprävention. Sie dienen dazu, sich eine kurze Auszeit zu nehmen und einfach abzuschalten, eine andere Sichtweise auf die Probleme zu erproben und den schwierigen Situationen einen anderen Stellenwert zu geben.

Nicht jede Übung eignet sich für jeden. Von daher wählt man eine oder mehrere aus. Übungen, die man selbst sehr gut akzeptieren kann, bringen eher den gewünschten Erfolg.

1. Die »Stoffpuppentechnik«

Die Übung eignet sich besonders für Menschen, die unter starker Anspannung stehen. Sie wird oft bei Prüflingen eingesetzt. Es werden Stressreaktionen des Körpers »abgeschaltet«. Sie sollte folgendermaßen durchgeführt werden:

Setzen Sie sich aufrecht auf einen Stuhl – möglichst ohne Armlehnen. Atmen Sie zehnmal tief ein und aus. Bei jedem Ausatmen stoßen Sie die Luft kräftig heraus und machen sich leer wie einen Ballon: Beim ersten Ausatmen fällt der Kopf nach vorn. Beim zweiten Ausatmen fallen Schultern und Arme.

Lassen Sie sich bei jedem Ausatmen weiter nach vorn fallen, bis Sie schlaff wie eine Stoffpuppe auf dem Stuhl hängen. Lassen Sie sich einen Moment so hängen; dann richten Sie sich ganz langsam wieder auf. Setzen Sie sich für eine Weile bequem hin, die Hände im Schoß, und atmen Sie ruhig und gleichmäßig. Wenn Sie wieder »loslegen« können, atmen Sie ein paar Mal tief und kräftig. Dann stehen Sie auf.

2. Nehmen Sie ein ausgiebiges Bad

Ein heißes Bad kann Wunder wirken. Entspannen Sie sich eine halbe Stunde in der Wanne mit Ihren Lieblingsbadezusätzen; danach legen Sie sich für mindestens eine halbe Stunde ins Bett. Diese Stunde kann so erholsam wirken wie eine ganze Nacht Schlaf.

3. Sorgen Sie für körperliche Bewegung

Nicht nur Kinder brauchen Bewegung, auch Ihnen selbst tut es gut. Wenn Sie regelmäßig Sport treiben, sollten Sie sich eine halbe Stunde lang richtig verausgaben – durch Joggen, Rad fahren oder Schwimmen. Wenn Sie sich sonst eher wenig bewegen, so sollten Sie zumindest spazieren gehen.

Viele Menschen gehen nur dann regelmäßig spazieren, wenn sie einen Anlass haben. Ein Hund, der täglich nach draußen muss, kann dafür sorgen, dass man sich seine tägliche Auszeit und Bewegung verschafft und so die Geschehnisse in seinem Umfeld gelassener sehen kann.

4. Zeit-Management

Der Umgang mit Zeit ist wichtig, wenn Sie den Eindruck haben, alles überfordere Sie, wenn Sie Probleme haben, den Tagesablauf zu strukturieren. Wenn Sie denken, dass der Tag einfach nicht genügend Stunden für Sie hat, dann versuchen Sie einmal Folgendes: Schreiben Sie sich alles auf, was Sie in der kommenden Woche tun wollen. Nun gehen Sie die Liste der Dinge durch. Schreiben Sie eine Eins neben alles, was Sie unbedingt schaffen müssen. Neben alle Dinge, die auch wichtig sind, aber die noch etwas Zeit haben, setzen Sie eine Zwei. Schließlich markieren Sie alles mit Drei, was Sie schon gerne gemacht haben wollen, was aber nicht wirklich wichtig ist.

Dann machen Sie sich eine Liste für den kommenden Tag. Schreiben Sie alle »Einser«-Aktivitäten auf die Liste, die Sie an diesem Tag erledigen müssen. Darunter kommen die »Zweier«-Dinge, die Sie machen können, wenn Sie noch Zeit haben. Die »Dreier« lassen Sie unter den Tisch fallen. Diese »bereinigte« Liste hängen Sie gut zugänglich auf oder stecken sie ein. Immer wenn Sie einen Punkt auf der Liste abgehakt haben, streichen Sie ihn durch.

5. Schokolade ist »Nervennahrung«

In Stresszeiten entwickelt man oft einen Heißhunger auf Süßes – nicht ohne Grund. Einige Inhaltsstoffe von Schokolade wirken beruhigend und heben die Stimmung. Daher ist es günstig, sich ab und zu einmal ein Stück Schokolade zu gönnen.

Da es vielen Menschen schwer fällt, sich zurückzuhalten, obwohl Süßes im Übermaß ungesund ist, sollten Sie beachten: Essen Sie Schokolade nicht, wenn Sie hungrig sind. Nehmen Sie nur ein Stück und lassen Sie es auf der Zunge zergehen.

Horten Sie keine Schokoladenvorräte. Unter Umständen hilft es, nicht die billigste Marke in Mengen zu kaufen, sondern eine teure Variante. Damit ist die Schokolade nicht ein x-beliebiger Happen für zwischendurch, sondern etwas Besonderes.

Sehen Sie ein Stück Schokolade als Belohnung an, weil Sie vielleicht Probleme gelassen und ganz gut geregelt haben.

Auch Kaffee kann beruhigend wirken. Wenn wir sehr aufgeregt sind, mit klopfendem Herzen und schnellem Atem, kann Koffein »paradox« wirken und die Aufregung nicht noch größer machen, sondern sie verringern. Nehmen Sie sich Zeit für eine heiße Tasse Kaffee oder Tee.

6. Hören Sie Musik oder lesen Sie ein spannendes Buch

Musik unterstützt die Entspannung. Es muss keine regelrechte Entspannungsmusik sein, die Sie hören. Sie können bei der Arbeit oder während einer kurzen Pause die Musik laufen lassen, die Sie am liebsten mögen (gegebenenfalls mit Kopfhörer) – das hebt die Laune. Wenn Sie es einrichten können, legen Sie sich hin und hören Sie Ihr Lieblingsstück.

Auch Lesen kann Ihnen einen kurzen Urlaub vom Alltag verschaffen. Ein fesselndes Buch lenkt Sie vom Alltag ab; wenn Sie herzhaft lachen können, so baut das Spannung ab.

7. Nehmen Sie sich Zeit für sich

Ähnlich wie Kinder eine Auszeit brauchen, um sich »abzuregen«, sollten auch Sie sich eine Pause gönnen, wenn Ihnen alles zu viel wird. Planen Sie Ihre Auszeit fest in den Tagesablauf ein – besprechen Sie beispielsweise mit Ihrer Familie, dass Sie, wenn Sie von der Arbeit kommen, eine halbe Stunde für sich haben. In dieser Zeit sollten Sie ungestört bleiben und weder für Ihre Familie noch am Telefon oder anderweitig zu sprechen sein. Nutzen Sie diese Zeit, um spazieren zu gehen, Gartenarbeit zu machen oder sich anderweitig zu entspannen.

Für gestresste Eltern ist es oft eine Erleichterung, wenn ihre Kinder zumindest eine Stunde lang aus dem Haus sind. Daher ist es sinnvoll, Kindern etwa eine Sportart in einem Verein zu ermöglichen. In den meisten Orten gibt es Fußballvereine; aber auch Kampfsportarten wie etwa Judo, bei denen Selbstdisziplin und Konzentration erforderlich sind, haben sich für schwierige Kinder bewährt. Ist das Kind »untergebracht«, nutzen Sie die Zeit nicht, um liegen gebliebene Arbeiten zu verrichten, sondern machen Sie etwas Angenehmes. Bitten Sie auch Ihren Partner oder Ihre Partnerin, Sie zu entlasten und Ihnen solche Auszeiten zu ermöglichen.

8. Reden Sie über Ihre Schwierigkeiten

Suchen Sie sich jemanden, dem Sie von Ihren Sorgen erzählen können. Das können Freunde, Kollegen oder Verwandte sein, aber unter Umständen auch professionelle Berater. Haben Sie kein schlechtes Gewissen, von Ihren Problemen zu erzählen. Erzählen Sie genau, wie Sie sich fühlen und was es ist, das Ihnen Schwierigkeiten bereitet.

9. Suchen Sie angenehme Erinnerungen

Denken Sie daran, wie Ihnen im Umgang mit Ihren Kindern oder bei Ihrer Arbeit einmal etwas so richtig gut gelungen ist. Stellen Sie sich die Situation in allen Einzelheiten vor und rufen Sie sich alle positiven Kommentare Ihrer Kinder oder Ihrer Kollegen ins Gedächtnis. Rufen Sie sich ins Gedächtnis, wie gut Sie sich gefühlt haben. Genießen Sie die Situation noch einmal in Zeitlupe.

10. Das Stressthermometer

Stellen Sie sich ein Thermometer vor. Dieses Thermometer misst Ihren Stress und zeigt an, wie eine Situation oder eine Person gerade auf sie wirkt. Der Nullpunkt des Thermometers bedeutet »gar nicht schlimm«, bei 100 liegt »das Schlimmste, was ich mir vorstellen kann«. Entsprechend liegt bei 10 »ein bisschen schlimm«, bei 50 »mittelmäßig schlimm« und bei 90 »sehr schlimm«. Zeichnen Sie das Thermometer auf und tragen Sie dann ein, wo Sie ein belastendes Ereignis ansiedeln würden oder wie schlimm Sie eine bestimmte Person (Ihr Kind, ein Kind in Ihrer Klasse etc.) finden. Liegt die Belastung bei 50? Oder doch schon bei 100?

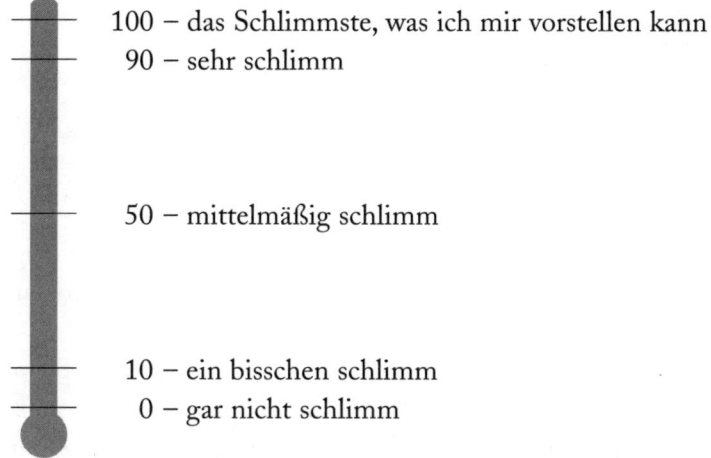

100 – das Schlimmste, was ich mir vorstellen kann
90 – sehr schlimm

50 – mittelmäßig schlimm

10 – ein bisschen schlimm
0 – gar nicht schlimm

Anschließend blättern Sie bitte um.

Nun schauen Sie sich das folgende Stressthermometer an. Es stammt aus einer repräsentativen Befragung über belastende Lebensereignisse.

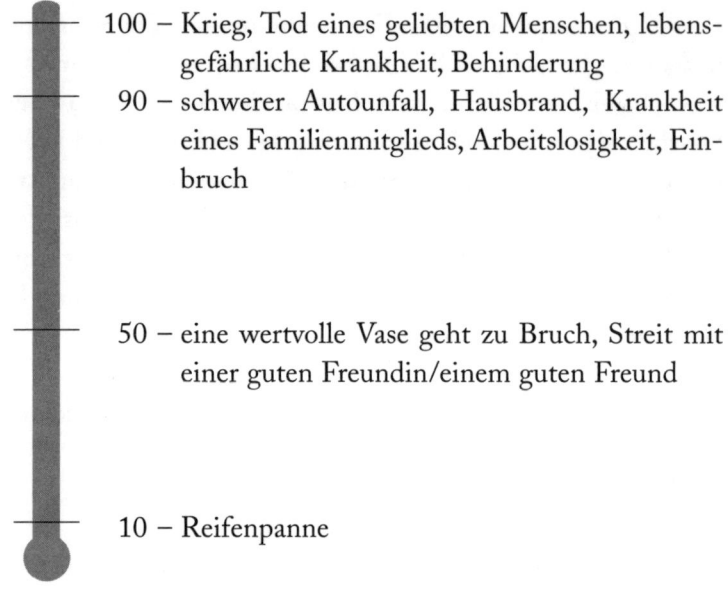

100 – Krieg, Tod eines geliebten Menschen, lebensgefährliche Krankheit, Behinderung
90 – schwerer Autounfall, Hausbrand, Krankheit eines Familienmitglieds, Arbeitslosigkeit, Einbruch

50 – eine wertvolle Vase geht zu Bruch, Streit mit einer guten Freundin/einem guten Freund

10 – Reifenpanne

Gemessen an dieser Skala – wo würden Sie nun Ihre Schwierigkeiten sehen? Tragen Sie ein, an welcher Stelle Sie Ihr Problem nun einordnen.

Diese »Stressthermometer«-Übung dient dazu, Probleme wieder in einem anderen Licht zu sehen. Alle Menschen neigen dazu, ihr jeweiliges Problem als das schlimmste anzusehen, das es auf der Welt gibt. Oftmals hilft es, einen Schritt neben sich zu treten und sich klarzumachen: »Schlimmer geht's immer«.

Spiele und Übungen zum Spannungsabbau

Der Umgang mit Spannungen und aggressivem Verhalten lässt sich am besten im Spiel trainieren. Im Spiel müssen Regeln eingehalten werden, man muss auf andere achten und man muss es auch ertragen können, dass man manchmal verliert. Spiele für Kinder sind attraktiv, das heißt, sie haben ein Interesse daran, dabei zu sein und mitzumachen. Daher ist es sehr wichtig, in Gruppen – etwa in der Klasse oder auch bei Geburtstagen und Kinderpartys – Spiele durchzuführen. So können auch aggressive Kinder lernen, mit anderen umzugehen. Durch feste Regeln und klare Strukturen gibt man ihnen den Rahmen, den sie brauchen.

Dies bedeutet für die Eltern oder Trainer, dass sehr genau auf die Einhaltung der Regeln geachtet werden muss. Auch bei kleinen Regelverletzungen wird das Spiel sofort unterbrochen und die Spieler gehen erneut in die Ausgangsposition.

Verstößt ein Spieler vermehrt gegen eine Regel, muss er sich wieder auf seinen Platz setzen. Es sollte ihm jedoch unbedingt später die Möglichkeit gegeben werden, einen erneuten Versuch zu machen. Gelingt es ihm, sich an die Regel zu halten, so sollte dies ausdrücklich gelobt werden.

Es kann günstig sein, eine Feedbackrunde zu haben, in der jeder Spieler kurz gefragt wird, wie das Spiel für ihn war. Die Äußerungen der Kinder werden nicht kommentiert.

Die meisten der hier vorgeschlagenen Spiele gehören zu den so genannten »wilden« Spielen. Sie schaffen die Möglichkeit, dass Kinder neben dem Abbau von Spannungen auch aggressives Verhalten im Rahmen einer sehr regelhaften Spielsituation erfahren, vielleicht sogar selbst erleiden. Sie erhalten aber auch teilweise die Möglichkeit, aggressives Verhalten so zu praktizieren, dass sie es bei sich selbst beobachten und mit andern besprechen und ihre Erfahrungen austauschen können.

Man agiert nicht nur – sondern reagiert auch ab. Viele dieser Spiele stellen eine Zwischenstufe zu einer nicht-körperlichen und gewaltfreien Interaktion dar.

Hahnenkampf

Das Spiel kann mit Kindern und Jugendlichen ab sechs Jahren gespielt werden. In der Mitte des Raumes ist ein Spielfeld abgeklebt (mindestens zwei mal drei Meter):

- Zwei Spieler stellen sich in der Mitte des Feldes einander gegenüber auf. Beide stehen auf einem Bein. Die Arme werden hinter dem Rücken verschränkt.
- Auf ein Startsignal hin versuchen sie, den Mitspieler aus dem Spielfeld zu drängen oder ihn aus dem Gleichgewicht zu bringen, sodass er das andere Bein auf den Boden setzt. Wer das Gleichgewicht verliert oder wer die Hände nach vorne nimmt, hat verloren.

Pädagogische Hinweise

→ Der Hahnenkampf wird besonders interessant, wenn ein Spieler den Angriffen seines Gegners ausweicht und der Angreifer – er steht ja nur auf einem Bein – dadurch ins Taumeln gerät.

→ Es sollte genau beachtet werden, dass die Hände sich während des gesamten Kampfes hinter dem Rücken befinden.

Zeitungskampf

Der »Zeitungskampf« kann mit Kindern ab sechs Jahren und Jugendlichen gespielt werden. In der Mitte des Raumes ist ein Spielfeld abgeklebt (mindestens zwei mal drei Meter).

- Zwei Spieler treten einander in der Mitte des Feldes gegenüber. Jeder Spieler bekommt eine Zeitung (etwa vier Zeitungsseiten), die er zusammenrollt.

- Die Spieler dürfen sich mit der Zeitungsrolle gegenseitig auf Po, Rücken, Arme und Beine schlagen. Dagegen dürfen sie den anderen keinesfalls im Gesicht, am Hals, der Brust und den Genitalien treffen.

- Es wird ein Signal ausgemacht (etwa: »Stopp!«). Wenn einer der Spieler oder der Spielleiter dieses Signal gibt, muss das Zeitungsschlagen sofort enden. Auf Kommando beginnt das Spiel. Verlässt ein Spieler die Begrenzung, gibt einer das Stoppsignal oder geht eine Zeitung kaputt, ist das Spiel beendet.

Pädagogische Hinweise

→ Der Spielleiter sollte sichergehen, dass die Teilnehmer verstanden haben, auf welche Körperteile sie schlagen dürfen und auf welche nicht. Ein Spieler zählt daher vor dem Spiel die Körperregionen auf, die getroffen werden dürfen. Der andere Spieler beschreibt alle Regionen, die tabu sind.

→ Der Spielleiter muss das Einhalten der Regeln sehr genau im Auge behalten. Ruft er »Stopp!«, wenn eine Regel missachtet wurde, und ein Spieler hört nicht auf zu schlagen, wird das Time-out angewendet.

→ Nach jedem Spiel bringen die beiden Spieler ihre Zeitungen zum Papierkorb.

→ Die Übung wird gern von Kindern durchgeführt, die sich mit anderen auseinander setzen möchten. Es melden sich oft auch Mädchen, die sich Jungen für einen Kampf aussuchen, weil sie mit ihnen »ein Hühnchen zu rupfen haben«.

→ Das Spiel wird sehr gern in den Klassen 7 bis 9 gespielt (bei anfänglicher kurzer Hemmung).

Sockenkampf

Mit dem Spiel können Aggressionen auf spielerische Art vor der Gruppe ausgetragen werden; es eignet sich für Kinder ab sechs Jahren.

• Zwei Kinder, die miteinander Streit haben, treten zu einem »Kampf« gegeneinander an. Es wird ohne Schuhe gespielt. Gewonnen hat der, dem es gelingt, dem anderen die Socken auszuziehen. Schlagen, Treten, jegliche Art von Gewaltanwendung ist nicht gestattet.

Pädagogische Hinweise

→ Das Spiel hat viel Witz und lässt viel Lachen zu. Es baut Aggressionen in kürzester Zeit ab.

Spiel mir das Lied vom Tod

Die Übung ist für Kinder ab acht Jahren geeignet. Es wird ein CD-Spieler (Kassettenrekorder) benötigt.

• Das Lied *Spiel mir das Lied vom Tod* von Ennio Morricone wird aufgelegt. Bei der Musik gehen zwei Kinder jeweils von der äußersten Ecke des Raumes langsam aufeinander zu, bis sie sich so nah wie möglich gegenüberstehen. Sie schauen einander dabei die ganze Zeit in die Augen, dürfen den anderen aber keinesfalls berühren. Danach gehen sie wieder langsam rückwärts zurück. Es darf nicht gesprochen werden.

Pädagogische Hinweise

→ Die Teilnehmer sollten im Anschluss gefragt werden:
Wie war die Übung für dich?
Wie hast du dich gefühlt?
Was hast du beobachtet?

→ Auch ängstliche und zurückhaltende Kinder machen die Übung gern. Man sollte streng darauf achten, dass die Kinder einander keinesfalls berühren, aber dem anderen während der gesamten Übung in die Augen schauen.

→ Ohne die vorgeschlagene Musik zeigt die Übung kaum Effekte.

Blindenführung

Das Spiel können Kinder ab acht Jahren spielen. Es wird ein großer Raum benötigt; eventuell sollten einige Hindernisse aufgebaut werden.

• Es bilden sich Zweiergruppen. Ein Teilnehmer schließt die Augen und wird vom Partner durch den Raum geführt. Nach einer bestimmten Zeit (zwei bis acht Minuten) werden die Rollen getauscht. Es wird eine Strecke ausgewählt, die natürlich auch außerhalb des Raums sein kann.

• Es können auch Stationen eingebaut werden, an denen besondere Tast-, Hör- oder Geruchserlebnisse vermittelt werden. Dabei werden Gegenstände bereitgelegt, Tastsäcke, Duftproben vorbereitet, auch der Untergrund kann verändert werden: Teppich, Papier, Kies, Styroporplatte, Blech, Pappe...

Pädagogische Hinweise

→ Die Führenden sind für die Sicherheit der Geführten verantwortlich. Es ist unbedingt auf Hindernisse zu achten.

→ Der Schwierigkeitsgrad wird erhöht, indem der Blinde in bestimmter Weise beim Führen angefasst wird: Arm um den Körper, die Schulter fassen, anfassen, Finger fassen, nur die Fingerspitze des Zeigefingers, eine Hand vor dem Gesicht der blinden Person etc.

→ Die Teilnehmer sollten im Anschluss gefragt werden:
Wie wurdest du geführt? Konntest du dich führen lassen?
Konntest du dich als Blinder/Blinde orientieren? Wie hast
du das gemacht?
Was hast du als Blinder wahrgenommen?

Die Entspannungsschaukel

Eine Übung, die am besten in Neunergruppen gespielt wird; sie
kann mit Kindern ab acht Jahren durchgeführt werden. Man
benötigt eine Decke und eventuell Musik.

• Je acht Kinder stehen um eine Decke herum. Eines legt sich
rücklings auf die Decke. Es wird von allen gleichzeitig mit
der Decke angehoben, behutsam geschaukelt, durch den
Raum getragen und langsam wieder heruntergelassen. Das
Kind in der Decke kann bestimmen, wie geschaukelt wird.
Das Schaukeln kann mit Musik untermalt werden.

Pädagogische Hinweise:

→ Ein solches Spiel kann man nur in einer ruhigen und spannungsfreien Atmosphäre durchführen.

→ Die Teilnehmer sollten im Anschluss gefragt werden:
Wie hast du das Experiment empfunden?
Wie hast du dich gefühlt? Hast du dich sicher gefühlt?
Wie war es, ein anderes Kind in der Decke zu schaukeln?
Welche Beobachtungen hast du gemacht?

Der Vulkanausbruch

Für dieses Spiel werden die Kinder in Vierergruppen eingeteilt. Pro Viergruppe werden vier aufgeblasene Luftballons
benötigt; das Spiel eignet sich für Kinder ab etwa zehn
Jahren.

- Die Teilnehmer bilden Kleingruppen à vier Teilnehmer und stehen in einem engen Kreis. Die Arme liegen auf den Schultern der Nachbarn, die Hüften berühren sich fast. Zusammen stellt man praktisch einen Vulkan dar. Zwischen den Füßen kocht die Lava: vier aufgeblasene Luftballons. Auf ein Zeichen hin sollen der Reihe nach alle Lavabrocken, das heißt alle Ballons, durch den Vulkan nach oben transportiert werden. Nach kurzer Übungszeit wird eine optimale Strategie entwickelt und die Zeit kann gestoppt werden.

Pädagogische Hinweise

→ Das Spiel ist auf Kooperation hin angelegt. Es ist einfacher, als es sich von der Beschreibung her liest, und macht sehr viel Spaß.

→ Die Teilnehmer sollten im Anschluss gefragt werden:
Wie hat dir das Experiment gefallen?
Welche Erfahrungen hast du gemacht?

Bierdeckelschlacht

Die Bierdeckelschlacht dient vorrangig dem Spannungsabbau. Es werden 200−300 Bierdeckel benötigt; mitspielen können Kinder ab etwa acht Jahren. Die Spielfläche wird in zwei Hälften aufgeteilt. Es ist günstig, die Mitte mit Klebeband zu markieren.

- Die Gruppe wird in zwei Hälften aufgeteilt, die Bierdeckel werden auf jede der beiden Gruppen verteilt. Auf das Kommando »Fertig − los!« werden die Bierdeckel von jeder Gruppe in das Feld der anderen geschmissen, gesammelt und wieder zurückgeworfen. Eine Minute lang versucht jede Gruppe, möglichst viele Bierdeckel in das gegnerische Feld zu werfen und dabei dafür zu sorgen, dass in der eigenen Hälfte möglichst wenige liegen.

- Nach der Minute wird ein Stoppsignal gegeben. In jedem Feld werden die Bierdeckel gestapelt. Die Partei, in deren Feld **weniger** Bierdeckel liegen, hat gewonnen.

Pädagogische Hinweise

→ Versucht ein Spieler, nach dem Stoppsignal Bierdeckel ins gegnerische Feld zu werfen, so zählen diese doppelt für die eigene Mannschaft. Ebenso wird verfahren, wenn eine Mannschaft versucht, Bierdeckel zu verstecken, damit sie nicht mitgezählt werden.

→ Vor allem unruhigere Kinder können sich bei diesem Spiel ihrem Temperament entsprechend ausleben. Für sie ist die Bierdeckelschlacht ein absoluter Hit.

Bulle im Ring

Die Kinder bilden einen Kreis. Sie fassen sich an den Händen. Einer kommt in die Mitte und ist der »Bulle«. Er muss versuchen, den Ring zu durchbrechen. Hierfür hat er eine Minute (bei Jüngeren: dreißig Sekunden) Zeit. Er darf die Hände nicht gebrauchen, kann sich aber mit dem Körper einsetzen und immer wieder neue Versuche wagen, solange die Zeit läuft.

Pädagogische Hinweise

→ Das Durchbrechen ist nicht einfach und gelingt selten. Jeder bekommt die Chance, einmal »Bulle« zu sein.

→ Bei dem Spiel können sich Kinder sehr gut abreagieren. Beim Durchbrechen des Kreises dürfen die Hände nicht benutzt werden.

→ Die Teilnehmer sollten im Anschluss gefragt werden:
Wie hast du dich als »Bulle« gefühlt?
Wie war es für dich, als der »Bulle« versuchte, bei dir durchzubrechen?

Der Kaiser schickt seine Soldaten aus

Bei diesem Spiel sollten möglichst viele mitmachen; es ist für Kinder ab sechs Jahren geeignet. Man benötigt einen großen Raum; am besten ist es, das Spiel im Freien zu spielen.

• Die Kinder teilen sich in zwei Gruppen auf. Jede Gruppe fasst sich an den Händen und bildet eine Mauer. Eine Gruppe beginnt. Sie ruft: »Der Kaiser schickt seine Soldaten aus.« Die andere Gruppe antwortet: »Wen schickt er?« Die Antwort lautet beispielsweise: »Susanne.« Susanne läuft los und versucht, die gegnerische Mauer zu durchbrechen. Gelingt es ihr nicht, ist sie eine Gefangene der gegnerischen Partei und muss hinter die gegnerische Mauer. Gelingt es ihr, kann sie einen Gefangenen auslösen und wieder mit zurück zu ihrer Partei nehmen.

Pädagogische Hinweise

→ Bei dem Spiel handelt es sich um ein altes Kinderspiel. Alle können sich dabei sehr gut abreagieren. Beim Durchbrechen dürfen die Arme und Beine nicht benutzt werden. Es erfolgt ausschließlich durch den Schwung des Körpers.

→ Die Teilnehmer sollten im Anschluss gefragt werden: Wie war es für dich, als du erfolgreicher/erfolgloser Gesandter deiner Partei warst? Was hat dir besonders viel Spaß gemacht?

Wie meine Wut aussieht

Für die Übung werden Papier im Format DIN A3 und Farben (Wachsmalkreiden, Wasserfarben …) benötigt. Sie eignet sich für Kinder ab acht Jahren.

• Es wird mit den Kindern besprochen, woran man merken kann, wann jemand sehr wütend ist (z. B. rotes Gesicht, geballte Hände, beschleunigter Herzschlag). Die Kinder überlegen nun, wie ihre eigene Wut aussieht. Sie stellen sich vielleicht eine Situation vor, in der sie sehr wütend waren. Welche Farbe, Form usw. passt zu meiner Wut? Nach dem Malen zeigt jeder sein Bild und ergänzt den Satz: »Meine Wut ist wie …« Diesen Satz schreibt er auf die Rückseite des Bildes.

Pädagogische Hinweise

→ Bei dieser Übung ist es unbedingt notwendig, dass alle Kinder Gelegenheit bekommen, ein Feedback zu geben. Man kann also zunächst in einer Stunde die Wut malen und am nächsten Tag dann die Bilder betrachten und die Feedbacks abrufen.

→ Die Teilnehmer sollten im Anschluss gefragt werden:
Wie sieht deine Wut aus?
Welche Farben und Formen hast du gewählt?
Wie merken andere, dass du wütend bist?

Ich wünsche dir ein schönes, langes Leben …

Die Übung kann man mit Kindern ab zehn Jahren und Jugendlichen durchführen. Sie dient dazu, Kritik ertragen zu üben und zu erfahren, dass man es nicht allen recht machen kann, dass es aber auch keine Katastrophe ist, wenn man nicht von allen Menschen geliebt wird.

• Bei dieser Übung ist es nötig, dass eine Spielleiterin notfalls eingreift und grundlos beleidigende Äußerungen unterbindet, ohne sie zu kommentieren oder sich in den Streit verwickeln zu lassen.

• Ein Kind beginnt: »XY *(nennt den Namen eines Kindes), ich wünsche dir ein schönes, langes Leben, aber mich stört an dir …*«
Jetzt kann das Kind Kritik an dem angesprochenen Kind

äußern. Die Kritikpunkte sollten aus der Sicht des Kindes berechtigt sein (z. B. dass du mich in der Pause nicht mitspielen lässt; dass du mich oft ärgerst; dass du so leicht beleidigt bist; dass du nie abschreiben lässt. Der Spielleiter sollte keine pauschalen Äußerungen wie »dass du doof bist« oder Ähnliches zulassen).

- Das angesprochene Kind antwortet: »*Ich danke dir, dass du mir das gesagt hast, aber ich bin nicht auf der Welt, um so zu sein, wie du es willst.*« Es hat jetzt die Möglichkeit, selbst ein anderes Kind anzusprechen, wobei der Text als Ritual immer gleich bleibt.

Pädagogische Hinweise

→ Die Sätze »…, ich wünsche dir ein schönes, langes Leben, aber mich stört an dir …« und »Ich danke dir, dass du mir das gesagt hast, aber ich bin nicht auf der Welt, um so zu sein, wie du es willst« sollten als Ritual gleich bleiben. Man sollte den Kindern beim Sprechen immer wieder weiterhelfen oder die Sätze an die Tafel schreiben.

→ Es ist ein ausgezeichnetes Spiel, um Ärger an anderen zu äußern, ohne dass diese sich rechtfertigen müssen. Dies kommt den aggressiven Kindern sehr entgegen. Bei dem Spiel haben sie die Möglichkeit, so viel Kritik zu akzeptieren, wie sie im Moment können.

→ Pauschal beleidigende Äußerungen (Idiot, Schwein, Spinner etc.) sollten sofort zurückgewiesen werden, wenn sie nicht begründet werden können.

→ Keinesfalls aber sollten Lehrkräfte – was sie gern machen – zu kritischen Äußerungen von Kindern rechtfertigend, beschwichtigend oder richtig stellend Kommentare geben. Auch für sie gilt: »*Ich danke dir, dass du mir das gesagt hast, aber ich bin nicht auf der Welt, um so zu sein, wie du mich haben willst.*«

→ Die Teilnehmer sollten im Anschluss gefragt werden:
Wie war das Spiel für dich?
Konntest du Kritik an jemandem äußern?
Wurdest du selbst kritisiert?

Rate, wer das gesagt hat!

Bei der Übung lernen Kinder, an sich selbst und an anderen positive Seiten zu entdecken. Es wird ihnen konkret vermittelt, dass vieles an ihnen O.K. ist. Zusätzlich lernen sie, Positives an anderen wahrzunehmen. Man kann diese Übung mit Kindern ab neun Jahren durchführen.

• Ein Kind verlässt den Raum. Drei oder vier andere machen eine positive Aussage über dieses Kind. Die Lehrkraft notiert sie. Nun kommt das betreffende Kind wieder herein. Seine Aufgabe ist es, zu raten, wer die einzelnen Aussagen gemacht hat.

Pädagogische Hinweise

→ Die Übung ermöglicht Kindern, die normalerweise mit anderen nur im Streit zu tun haben, eine andere Form der Kommunikation.

→ Die Kinder sollten dazu angeregt werden, möglichst auch unterschiedliche gute Seiten an anderen wahrzunehmen.

Literatur

Barkley, R. A., Benton, C. M. (1998). *Your Defiant Child.* New York: The Guilford Press.

Bernard, M. E. (1990). *Taking the Stress out of the Teaching.* Melbourne: Collins Dove.

Bloomquist, M. (1996). *Skills Training for Children with Behavior Disorders.* New York: The Guilford Press.

Bloomquist, M., Schnell, S. V. (2002). *Helping Children with Aggression and Conduct Problems.* New York: The Guilford Press.

Cierpka, M. (Hrsg.) (1999). *Kinder mit aggressivem Verhalten.* Göttingen: Hogrefe.

Connor, D. F. (2002). *Aggression and Antisocial Behavior in Children and Adolescents.* New York: The Guilford Press.

Dilling, H., Mombour, W., Schmidt, M. H. (Hrsg.) (1993²). *Internationale Klassifikation psychischer Störungen.* Bern, Göttingen: Hans Huber.

Elksnin, L. K., Elksnin, N. (1995²). *Assessment and Instruction of Social Skills.* San Diego: Singular Publishing Group.

Elliott, M. (Hrsg) (1997²). *Bullying.* London: Financial Press, Prentice Hall.

Gudjons, H. (1995⁶). *Spielbuch Interaktionserziehung.* Bad Heilbrunn: Klinkhardt.

Holtappels, H. G., Heitmeyer, W., Melzer, W., Tillmann, K.-J. (Hrsg.) (1999²). *Forschung über Gewalt an Schulen.* Weinheim und München: Juventa.

Kazdin, A. E. (1995²). *Conduct Disorders in Childhood and Adolescence.* London: Sage Publications.

Khan, T. (1998). *Bringing up Boys.* London: Picadilly Press.

Krowatschek, D., Krowatschek, G. (2002). *Soziales Lernen mit ADS-Kindern. Das ADS-Trainingsbuch Band 2.* Lichtenau: AOL-Verlag.

Larson, J., Lochman, J. E. (2002). *Helping Schoolchildren Cope with Anger.* New York: The Guilford Press.

Mash, E. J., Terdal, G. L. (Hrsg) (1997). *Assessment of Childhood Disorders.* New York: The Guilford Press.

O'Donnell, V. (1995). *Bullying.* Dublin: Attic Press.

Olweus, D. Gewalt in der Schule. Was Lehrer und Eltern wissen sollten und tun können. Bern: Hans Huber, 1996.

Rogers, B. (1998²). *You Know the Fair Rule*. London: Pitman Publishing.

Saß, H., Wittchen, H.-U., Zaudig, M., Houben, I. (Hrsg.) (2003). *Diagnostische Kriteren DSM-IV-TR*. Göttingen: Hogrefe.

Schroeder, S. C., Gordon, B. N. (2002). *Assessment and Treatment of Childhood Problems*. New York: The Guilford Press.

Tillmann, K.-J., Holler-Nowitzki, B., Holtappels, H. G., Meier, U., Popp, U. (2000²). *Schülergewalt als Schulproblem*. Weinheim und München: Juventa.

Zaudig, M., Wittchen, H.-U., Saß, H. (2000). *DSM-IV und ICD-10 Fallbuch*. Göttingen: Hogrefe.

Plädoyer für eine liebevolle Erziehung

WOLFGANG BERGMANN

Ich bin der Größte und ganz allein

Der neue Narzissmus unserer Kinder

PATMOS

Sind Kinder heute wirklich egoistischer und aggressiver, wie es in aktuellen Pädagogik-Debatten verkündet wird? Der erfahrene Kindertherapeut Wolfgang Bergmann berichtet aus seiner langjährigen Praxis, dass sich tatsächlich immer mehr Kinder auffällig verhalten. Die Ursache ist aber nicht ein Mangel an Disziplin; vielmehr sollten wir die seelische Not der Kleinen betrachten. Orientierungs- und ruhelos flüchten sie sich in die Welten des Internets und der Computerspiele. Dabei bräuchten sie verlässliche Eltern, die ihnen einen liebevollen Halt geben. Wie dies gelingen kann, zeigt Bergmann an konkreten Beispielen.

Ca. 195 Seiten. ISBN 978-3-491-40158-7

www.patmos-sachbuch.de

Schulen, die begeistern

Heike Papenfuss

Lernen geht auch anders

Reformschulen sind die bessere Alternative

Private und staatliche Schulen, die neue Wege des Lernens gehen, befinden sich auf dem Vormarsch. Doch welche ist die richtige? Heike Papenfuss bietet Orientierungshilfe. Sie erklärt anhand ausgewählter Schulen die verschiedenen reformpädagogischen Ansätze sowie deren konkrete Umsetzung im Alltag. Von der Grundschule bis zur Ganztagsschule sind alle denkbaren Formen dabei – ihr gemeinsamer Nenner: Kinder sollen Spaß am Lernen haben und nicht fremdbestimmt Pflichten erfüllen müssen.

Ca. 192 Seiten. ISBN 978-3-491-40147-1

www.patmos-sachbuch.de

Die gute Schule neu buchstabiert

Otto Herz Das **AB** der Guten Schule

Mit einem Vorwort von Hartmut von Hentig

Pädagogik einmal anders. Dieses Buch ist das perfekte Geschenk für alle, die sich mit Erziehung konfrontiert sehen. Optisch ansprechend gestaltet, legt Otto Herz in humorvollen und pointierten Merksätzen von A wie Anerkennung bis Z wie Zuversicht sein Konzept von der »Guten Schule« vor. Er stellt jeden Buchstaben des Alphabets unter ein Motto, das von Kindern erklärt wird. In einem Nachwort erläutert er sein Verständnis von Erziehung.

Ca. 70 Seiten mit 25 farb. Abb. ISBN 978-3-491-36025-9